大学生创新创业指导实务

张元奎　李秀荣　主编

张梅红　周　芳　贾　岚　副主编

高　源　王鹏阳　编委

文化发展出版社
Cultural Development Press

·北京·

图书在版编目（CIP）数据

大学生创新创业指导实务 / 张元奎，李秀荣主编
. — 北京 ：文化发展出版社，2023.7
ISBN 978-7-5142-4045-0

Ⅰ. ①大… Ⅱ. ①张… ②李… Ⅲ. ①大学生－创业－高等职业教育－教材 Ⅳ. ① G647.38

中国国家版本馆 CIP 数据核字 (2023) 第 137712 号

大学生创新创业指导实务

张元奎　李秀荣　主编

出 版 人：宋　娜
责任编辑：周　蕾
执行编辑：王雅文
责任校对：岳智勇
责任印制：邓辉明
封面设计：守正文化
出版发行：文化发展出版社（北京市翠微路 2 号　邮编：100036）
网　　址：www.wenhuafazhan.com
经　　销：全国新华书店
印　　刷：天津和萱印刷有限公司

开　　本：787mm × 1092mm　1/16
字　　数：282 千字
印　　张：15.75
版　　次：2024 年 1 月第 1 版
印　　次：2024 年 1 月第 1 次印刷
定　　价：72.00 元
I S B N：978-7-5142-4045-0

◆ **如有印装质量问题，请电话联系：010-58484999**

作者简介

张元奎，男，汉族，1971 年 5 月生，河南罗山人；中共党员，河南大学政治系毕业，研究生；副教授；1995 年 7 月毕业到郑州旅游职业学院工作，2015 年 11 月调至郑州幼儿师范高等专科学校任副校长至今。先后发表学术论文 10 多篇，主编教材 5 部，主编的《旅游饭店法规实务》是高等职业教育饭店服务与管理专业教学用书；先后荣获郑州市优秀教育工作者、河南省优秀党务工作者等。

李秀荣，女，汉族，1976 年 9 月出生，河南省长垣市人，中共党员；毕业于河南大学教育学专业， 南开大学软件工程领域工程硕士；现任郑州幼儿师范高等专科学校招生就业创业处副处长；研究方向为学前教育、大学生职业生涯规划、创新创业教育、就业指导。

前 言

创新创业，青年当先。

青年大学生是大众创业万众创新的生力军，也是国家持续发展与繁荣昌盛的根本保证，但由于受多种因素的影响，目前大学生创新创业还存在着诸多问题。

本书顺应高职教育改革发展趋势，遵循高职院校创新创业教育的规律，立足当前高职院校创新创业教育实际，借鉴国内外成功经验，基于行动导向、任务驱动和过程评价的任务设计理念，力求将专业教育与创新创业教育有机融合，全面提升高职生的人力资源素质，造就一大批大众创业万众创新的生力军。

本书在编写过程中参阅了大量著作，在此谨致以最诚挚的谢意。由于编者水平有限，书中难免存在不足之处，诚望各位读者批评指正，以利再版时修正。

目录

Contents

Contents

项目一

为什么我们需要创新

一 什么是创新

二 什么是创新思维

三 为什么要创新

一　什么是创新

引导案例

“小缺口”造就“大创新”

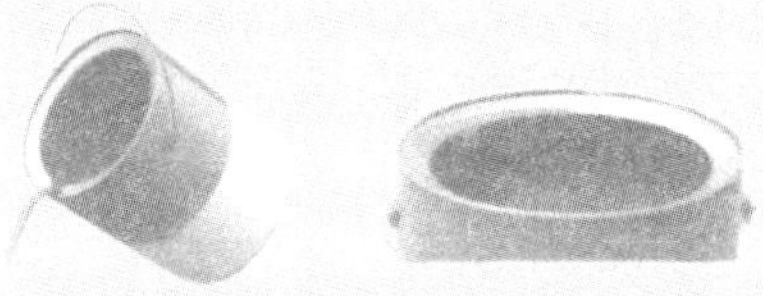

图 1-1 创意油漆桶

也许你认为图 1-1 展示的只是一个普通的油漆桶，但仔细一看，你会发现左边油漆桶的边口处有一个小缺口，它仅是一个对常规的油漆桶边缘进行改良的升级创意设计，但却为使用者带来了相当大的便利。因为这样的小缺口能起到很好的引流作用，用户使用时就能更精确地掌控倒出的量，而且不会使油漆溅得到处都是。

图 1-2 带凹槽的钥匙孔

你是否曾遇到这样的情况：门口的灯光非常昏暗，眼睛无法看清楚钥匙孔；或者喝醉酒之后回家，即便将身体蹲下来，用眼睛直视钥匙孔，也很难将钥匙正确地插进那小小的钥匙孔？看看图 1-2 这款钥匙孔的设计，也是在周边设置了一个缺口——一个很大的凹槽，而且有一定的弧度，即使在灯光昏暗、醉酒的情况下也能轻易地找到钥匙孔。

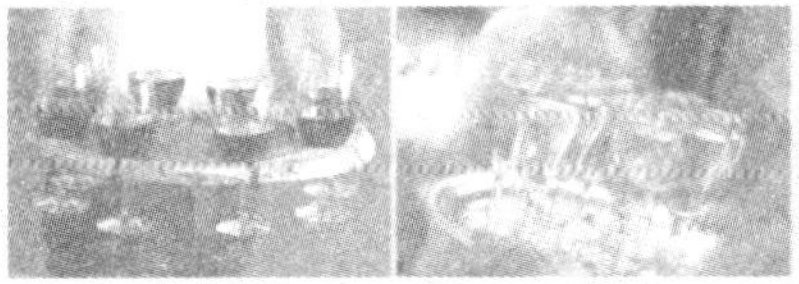

① ②

图 1-3 酒杯托盘

图 1-3 的托盘和右边的托盘有什么区别呢？显然，左边托盘的边口也采用了缺口的设计——一个个小槽口。这些小槽口刚好可以从中间卡住酒杯，使酒杯不会因为手的晃动而轻易移动。这对于新手服务员来说绝对是非常贴心的设计——再也不用担心托盘上的酒杯晃动甚至掉落了。

小 组 讨 论 1

一个小小的缺口设计，也能造就一个新的产品。通过这些案例，你对创新有什么样的理解？

小 组 讨 论 2

寻找你身边的创新产品，想一想这些创意是如何得来的，能给你什么样的启发？

知识链接

知识点 1：创新的概念

创新

创新是科学房屋的生命力。

——艾萨克·阿西莫夫

创新是一个古老而又时髦的词语。成书于 659 年的我国官修正史《南史》中即有记载，不过其中的创新意为创立或创造新的房屋、宫殿等。

现代意义上的创新一词则起源于拉丁语，是指以新思维、新发明和新描述为特征的一种概念化过程，主要包含三层意思：第一，改变；第二，更新；第三，创造新的东西。

简单地说，创新可以理解为以提出有别于常规或常人思路的见解为导向，利用现有的知识和物质，在特定的环境中，本着理想化需要或为满足社会需求而改进、更新或创造新的事物、方法、元素、路径、环境等，并能获得有益效果的行为。

创新是人类特有的认识能力和实践能力，人类社会的每一次发展无不伴随着创新。

创新是一个多元性概念，其内涵、特性等本质特征一直在演变，并逐步为人们所认识。

知识链接

知识点 2：创新的本质

1. 创新来源的多样化

创新的多元性首先表现为创新来源的多样化。在现实生活中，不少人想当然地认为，研发是创新的唯一来源。但其实，创新绝不仅仅来自研发，而是源自很多方面——市场、用户、设计、经济结构、管制改革、人类对清洁能源的需要、可持续发展等，甚至某个意外事件也可能产生创新机遇，如英国细菌学家亚历山大·弗莱明（Alexander Fleming）发现青霉素，如 1-4 所示。

1928 年，弗莱明在伦敦梅利医院当医生。这个 47 岁的中年人正在起劲地研究对付葡萄球菌的办法。人们受伤后伤口经常会化脓，原因之一便是葡萄球菌在捣蛋。弗莱明在一只只培养皿里培养出葡萄球菌，然后再尝试用各种药剂去消灭它们。这个工作已花费了他好几年的时间，可依然一无所获——弗莱明为此恼怒不已。

图 1-4　弗莱明发现青霉素

9 月的一天早晨，弗莱明外出休假两个星期后回到实验室。这时，他发现角落里丢着一只废弃的培养皿。弗莱明总是有保持整洁、卫生的好习惯，通常都会及时处理掉那些不再具有使用价值的试验物品。就在他为自己两周前的懒惰感到懊恼时，突然发现那只未经刷洗的废弃的培养皿中长出了一种神奇的霉菌。

敏锐的弗莱明意识到这种霉菌一定与众不同，便将它拿到显微镜下去看。这一看不打紧，弗莱明立刻情绪激动起来：原来，在霉菌附近，葡萄球菌死了！这是不是他梦寐以求且已追寻了好几年的葡萄球菌的克星呢？

弗莱明立即动手大量培养这种青绿色的霉菌，然后将培养液过滤，滴到葡萄球菌中去。结果，葡萄球菌在几个小时之内竟全部死亡。他又将滤液稀释 800 倍，再滴到葡萄球菌中去，居然仍能杀死葡萄球菌！

这种能杀死葡萄球菌的霉菌就是后来拯救了千千万万人生命的青霉素。

作为创新之源，意外发现等渠道的重要性不低于研发。

2. 创新内涵的丰富性

创新多元性的第二个方面是其内涵非常丰富。除了人们耳熟能详的技术创新和产品创新外，创新还包括制度创新、管理创新、业务流程创新、服务创新、商业模式创新以及创造全新的市场以满足尚未开发的顾客的需要，甚至包括新的营销和分销方法等。星巴克、维基百科、大疆等都是极其出色的商业模式创新企业。这些企业的成功表明，创新经济绝不仅限于高新技术部门。

大疆创新——消费级无人机市场的霸主

企业介绍：深圳市大疆创新科技有限公司成立于 2006 年，是全球领先的无人飞行器控制系统及无人机（见图 1-5）应用解决方案的研发和生产商，客户遍布全球 100 多个国家，占据着全球约 70% 的无人机市场份额。

创新性：无人机以前主要是应用在军事方面，而大疆是第一个将无人机应用在商业领域并获得成功的企业。大疆无人机如今已被应用在军事、农业、记者报道等方面，是可以“飞行的照相机”。大疆公司成功将目标受众从业余爱好者变成主流用户，在科技行业发展史上实属罕见。

图 1-5 无人机

3. 创新程度的差别性

创新在程度上的巨大差别是创新多元性的第三个重要方面。今天随处可见的创新,既有微处理器这种革命性创新,也有外观设计变化这类渐进性创新，如手机的翻盖、滑盖、折叠等。

此外，还有结构式创新、跳跃式创新以及随身听（见图 1-6）这种创造空缺市场的创新等，无不证明了创新程度的差别性特征。

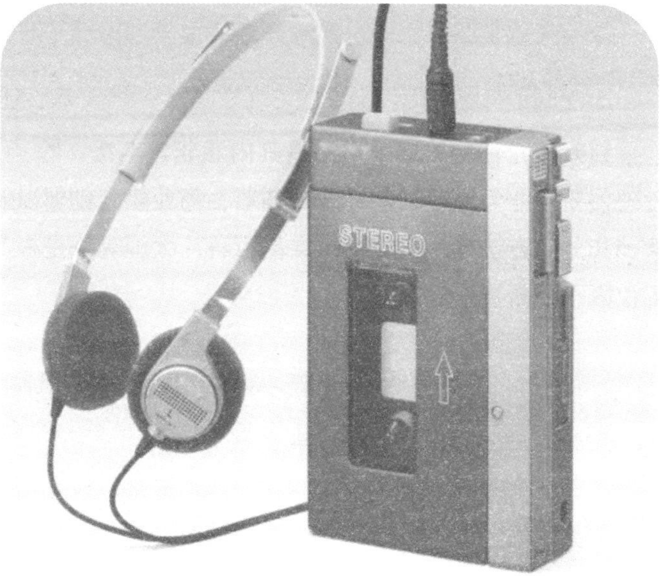

图 1-6　随身听

影响巨大的索尼随身听

第一款索尼随身听于 1979 年问世。很快这个小巧的卡带设备就不再仅仅是一款流行的音频播放器。最重要的是它为每一位消费者打开了通往新世界的大门。

索尼随身听让长途飞行变得不再那么难以忍受，也消除了漫步某个地方所带来的孤独感。从那时起，人们就很容易把这种简单而强烈的音乐快乐视为理所当然。

随着索尼随身听问世 40 余年，其为全世界带来的影响显而易见。随身听不仅刺激了苹果手机（iPhone）的问世，也刺激了迷你激光唱片（CD）以及 MP3 播放器等创新音频技术的产生，还让各种“另类”的流行音乐风格得以普及。

图 1-7 苹果 iPod 和 iTunes 的结合

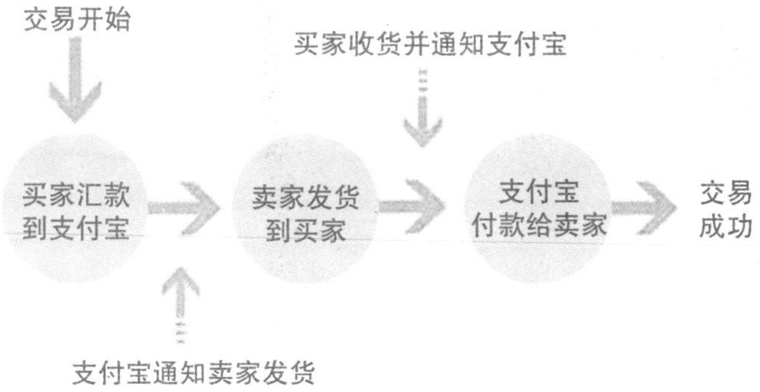

图 1-8 淘宝网和支付宝的协同发展

4. 创新参与者的多样性

从本质上说，人人都可创新。当前，我们国家大力提倡“建设创新型国家”，核心就是把增强自主创新能力作为发展科学技术的战略基点，激发民族的创新精神和创新基因，走出中国特色自主创新道路。

在企业的经营管理中，创新也不是某个部门或少数几个人的任务，而是遍布整个企业的思维方式。现代的创新甚至不能局限于一个企业的内部，而是呈现出网络化协作的特征，研发和设计部门、合作企业、用户、供应商、大学、政府，甚至竞争对手，都可能参与其中。例如，苹果公司推出 iPod 系列产品时用了 7 种创新模式，其中包括音乐下载平台 iTunes 这一商业模式创新，如图 1-7 所示。我国电商平台阿里巴巴依靠淘宝网和支付宝的协同发展流程也说明了这一点，如图 1-8 所示。

知识点 3：创新的形式

知识链接

1. 发现

发现是指经过研究、探索等，看到或找到前人或他人没有看到、意识到的事物或规律等。发现主要是寻找或认识两个方面的东西：一个方面是对自然界各种原理、规律的寻找或认识，另一个方面是对社会发展规律的寻找或认识。例如，阿基米德发现了水的浮力，牛顿发现了万有引力定律（见图 1-9）。

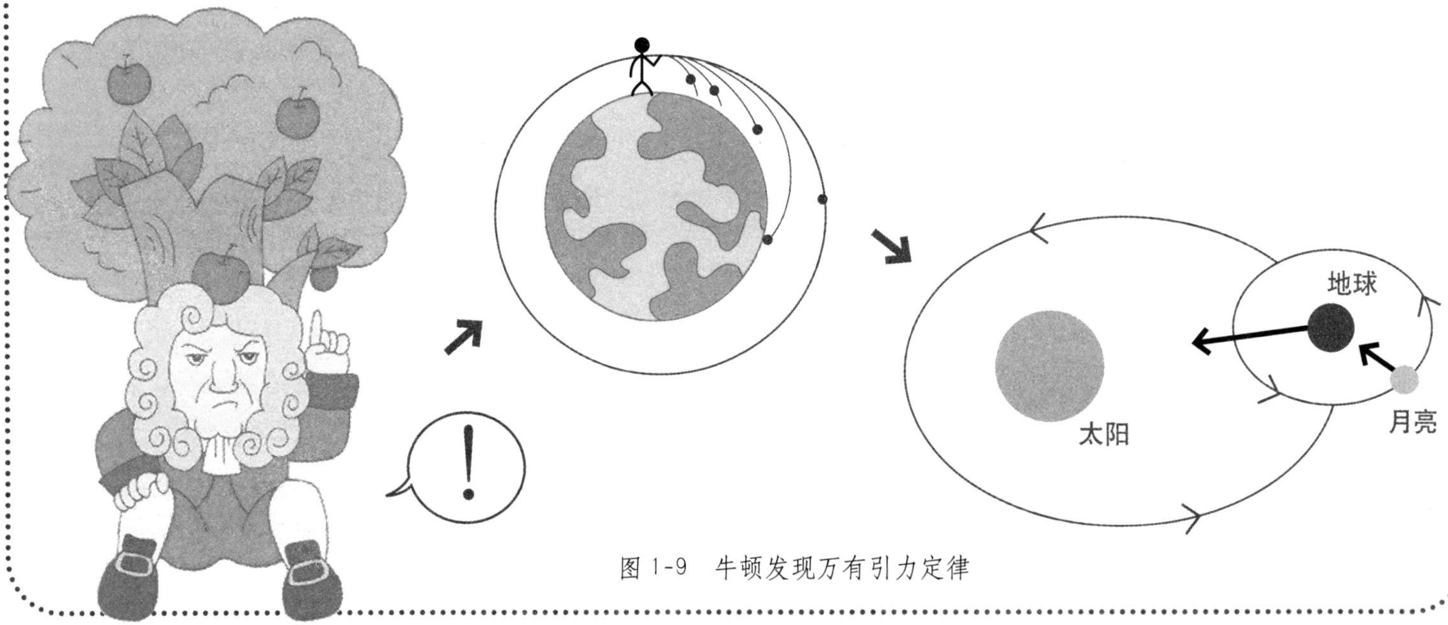

图 1-9　牛顿发现万有引力定律

2. 发明

如果说发现与“科学”相关联的话，发明则与“技术”和“工艺”相关联。发明与发现密切相关。发现是通过观察事物而发现其原理，发明是根据发现的原理进行制造或运用，产生出一种新的物质或行动等。例如，古人发现水有浮力，于是根据这一原理“刳木为舟”(《周易・系辞下》)，即把大木头挖空，发明了独木舟（见图 1-10）。

图 1-10　独木舟

3. 革新

如果说，我们可以将发明称为“从无到有”的话，革新则可以理解为“从有到优”。图 1-11 所示为多功能洗衣机。也就是变革或改进原有的观念、制度和习俗等，提出与前人不同的新思想、新学说、新观点，创立与前人不同的艺术形式等。在企业界，生产方式、管理制度、销售模式等，也应当随着现实状况的发展而不断革新。

图 1-11　多功能洗衣机

拓展阅读 在投资人的眼里，究竟什么是创新？

创新就是把各种事物整合到一起。有创意的人总能看出各种事物之间的联系，再整合形成新的东西。这就是创新。

——美国苹果公司联合创始人
史蒂夫·乔布斯（Steve Jobs）

创新的目标是创造有价值的订单；创新的本质是创造性的破坏，破坏所有阻碍创造有价值订单的枷锁；创新的途径是创造性地模仿和借鉴，即借力。

——海尔集团创始人张瑞敏

非经自己努力所得的创新，就不是真正的创新。

——日本松下电器创始人松下幸之助

我觉得创新就是要走别人不敢走的路，取得别人没有的成就。

——北极光创投创始合伙人邓锋

二　什么是创新思维

一包花生的回报

引导案例

图 1-12 一包花生的回报

美国销售奇才哈利十五六岁时在一家马戏团做童工，负责在马戏场内叫卖花生等小食品。但每次看马戏的人不多，买东西吃的人更少，饮料更是无人问津，这让哈利很郁闷。有一天，哈利的脑瓜里诞生了一个想法：向每一个买票的人赠送一包花生，借以吸引观众。

但老板不同意这个荒唐的想法。哈利便用自己微薄的工资作担保，恳求老板让他试一试。此后，马戏团演出场地外就多了一个声音：来看马戏的，买一张票送一包好吃的花生！在哈利不停的叫喊声中，观众比往常多了几倍。

演出开始后，小哈利叫卖起饮料。绝大多数观众在吃完花生后都觉得口干，于是纷纷买上一杯。这样，一场马戏下来，除了小食品，光是饮料的营业额都比以往增加了十几倍。（见图 1-12）

小组讨论 1

根据以上案例，你认为创新思维有何特别之处？

小组讨论 2

你能想出比小哈利更好的办法吗？

知识链接

知识点 1：创新思维的概念

思维世界的发展，在某种意义上说，就是对惊奇的不断摆脱。

——爱因斯坦

地球上最美的花朵——思维着的精神。

——恩格斯

我思故我在。

——笛卡尔

思维是人类所具有的高级认识活动。按照信息论的观点，思维是对新输入信息与脑内储存知识经验进行一系列复杂的心智操作过程。通常意义上的思维涉及所有的认知或智力活动。它能探索与发现事物的内部本质联系和规律性，是认识过程的高级阶段。

创新思维一般具有两种特性。一是超出感性的认识。思维以感知为基础又超越感知的界限。例如，在科学研究中，人类是不能通过感觉来直接理解科学规律的。但人类可以通过寻找其活动的规律，并对相同的规律加以概括，从而间接地去理解它。二是超出现实的认识。思维可以通过归纳与概括掌握现实中事物的规律，还可以在已有事物的基础上，通过想象，建立全新的事物。例如，发明家可以利用已经存在的物品，通过新的想象，对其加以改进，从而发明出新的物品。

知识链接

知识点 2：思维过程及其特点

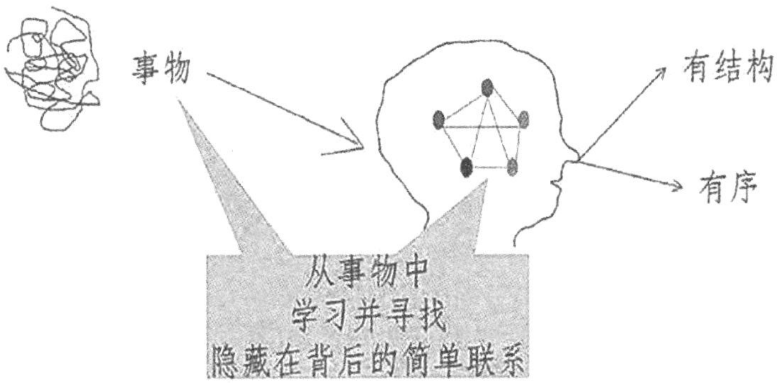

图 1-13　系统思维的活动过程

思维过程是一个复杂的、高级的认识过程，反映了事物的相互联系及其发展变化的规律，具有间接认识和概括认识的特性。图 1-13 展示了系统思维在复杂的事物中寻觅简单联系的过程。

1. 思维过程的间接性

思维过程的间接性是指人们借助一定的媒介和知识经验对客观事物进行的间接认识。由于思维的间接性，人们才可能超越感知觉提供的信息，认识那些没有直接作用于人的感官的事物和属性，从而揭示事物的本质和规律。从这个意义上讲，思维认识的领域要比感知觉认识的领域更广阔、更深刻。

例如，有两块外表极其相似的金属，我们如何判别它们之间哪一块比较硬呢？看，看不出；摸，摸不准；嗅，也不可能嗅出结果。也就是说，凭直接感知，我们无法得到精确的答案。这时，我们就得“开动脑筋”想办法。比如，我们让二者互相摩擦，便可发现其中的一块上面留有伤痕，而另一块却没有。据此，我们不难推断出，没有伤痕的那块金属比留有伤痕的金属要硬一些。

2. 思维过程的概括性

思维过程的概括性是指在大量感性材料的基础上，把一类事物共同的特征和规律抽取出来并加以概括。比如，我们发现，用刀砍树枝，树枝就会断；用刀砍硬石，刀刃就会卷；用刀砍钢板，刀就会出现缺口……我们概括了所观察的诸如此类的现象，就会对刀、树、石、钢各自的特性有了切实的认知，从而在需要的时候找到合适的工具。这种对事物一般特性和规律性的联系和关系的认识，就是对事物的概括认识，也是思维过程的第二个重要特点。

概括是人们形成概念的前提，也是思维活动能迅速进行迁移的基础。概括是随着人们认识水平的深入而不断发展的。人们的认识水平越高，对事物的概括能力也就越高。

知识点3：创新思维及其特点

知识链接

创新思维是创造力产生的“工具”，它是指以新颖独创的方法解决问题的思维过程，通过这种思维能突破常规思维的界限，以超常规甚至反常规的方法、视角去思考问题，提出与众不同的解决方案，从而产生新颖的、独到的、有社会意义的思维成果。

创新思维的特点主要表现在以下四个方面。

1. 联想性

联想是将表面看来互不相干的事物联系起来，从而达到创新的目的。联想性思维可以利用已有的经验创新，如我们常说的由此及彼、举一反三、触类旁通，也可以利用别人的发明或创造进行创新。

2. 求异性

创新思维在创新活动过程中，尤其在初期阶段，求异性特别明显。它要求关注客观事物的不同性与特殊性，关注现象与本质、形式与内容的不一致性。

3. 发散性

发散性思维是一种开放性思维，其过程是从某一点出发，任意发散，既无一定的方向，也无一定的范围。它主张打开大门，张开思维之网，冲破一切禁锢，尽力接受更多的信息。

4. 逆向性

逆向性思维就是有意识地从常规思维的反方向去思考问题的思维方法。如果把传统观念、常规经验、经典言论当作金科玉律，常常会阻碍我们创新思维活动的展开。

创新思维具有五大特点

1 思维方向的求异性

从别人习以为常的地方看出问题。

2 思维结构的多元性

善于从事物的多侧面、多环节、多因素、多层次、多角度来进行思考。

3 思维进程的突发性

思维在时间上是一种突然降临的情景，标志着某个突破的到来，表现出一种非逻辑性的品质。

4 思维效果的整体性

思维成果迅速扩大和展开，在整体上带来价值的更新。

5 思维表达的新颖性

思维内容是前所未有的，否则也就谈不上创新思维。

拓展阅读

创新思维也许只是一厘米的差距

一家啤酒公司面向社会征集宣传海报，报酬是50万美元。消息一出，人们趋之若鹜，纷纷投稿。约定的半个月时间刚到，这家啤酒公司就收到了上千幅作品。但是，这些作品大都不尽如人意，最后负责人只得“矮人堆里拔高个”，从上千幅作品中选择了一件较为满意的作品交给老板。

这幅作品展示了一只啤酒瓶的上半身，只见瓶内啤酒汹涌，而瓶颈处紧握着一只手，拇指朝上，正欲顶起啤酒瓶的瓶盖。配的广告语则是“啤酒，忍不住的诱惑！”。

啤酒公司的老板只看了一眼就把这幅作品扔到了垃圾桶里。理由是，创意生硬，并且用拇指开酒瓶做法十分危险，如果用它来做广告，因开酒而导致拇指受伤者肯定会大幅度增加，那样的话，势必会有许多消费者起诉该啤酒公司，那就得不偿失了。

连这件作品都看不上，这次的征集自然以失败告终。就在这家啤酒公司的老板为征集不到满意的宣传作品而郁郁寡欢时，某大学艺术系的一个学生听说了这件事，他思忖片刻，拨通了啤酒公司的电话，打算试一试。多看一件作品又不会带来什么损失，啤酒公司的老板便爽快地同意了他的要求。

两天后，这位学生就拿着自己的作品走进了啤酒公司老板的办公室。也同样是一瞬间，啤酒公司的老板就认定了这件作品。这位艺术系的学生也如愿以偿得到了50万美元的稿酬。第二天，啤酒公司的海报便铺天盖地地见诸各大平面媒体。

这幅海报的内容其实很简单：一只啤酒瓶的上半身，在瓶颈处，紧握着一只手，瓶内啤酒汹涌，几乎要冲破瓶盖冒出来，这时候，瓶颈处紧握的那只手用拇指紧紧地压住瓶盖，尽管这样，啤酒还是如汩汩清泉溢了出来。配的广告语则是：“啤酒，精彩按捺不住！”。

同样是一只拇指，仅仅是变换了一下位置，向上位移了一厘米，转换了一下姿势，就赢得了50万美元！这在许多人看来，未免也太投机取巧了。然而，你可曾想过，这短短一厘米背后的差距是多少米呢？

一个真正富有创意的人，就是能从废墟中发掘到金矿的人！

三　为什么要创新

引导案例 “不创新，就灭亡”

图 1-14 老福特与“T”型车

美国福特汽车公司的创始人亨利·福特（Henry Ford）是一个农民的儿子，他搞汽车工业为什么能一下子脱颖而出呢？因为他最了解美国的农村，地广人稀，需要农用客货两用车，那时候道路不太平整，农民的文化水平又不太高，农民需要的是操作简单、坚固耐用、耐得住颠簸的汽车。所以他结合这些特点，生产出了操作简单、结实耐用、价格低廉的“T”型车（见图 1-14），迎合了大多数人的需要，也彻底改变了美国人的生活方式。很快，福特汽车占据了世界汽车市场 68% 的市场份额。

在这个过程中，老福特不断创新，当时别的造汽车的厂家都是每天工作 10 个小时，每天 3 美元。他却推出“8 小时工作制”“每天 5 美元”的待遇，表面上对他的原始积累很不利，但是吸引了很多熟练工人，提高了工作效率。

另外，老福特还发明了“生产流水线”，创造性地提出了“科学管理”的管理理论。到了1919年，福特汽车公司已成为20世纪世界最大的汽车公司。福特本人也被称为“汽车大王”，其家族成为美国几个主要财阀之一。

但是，好景不长。

从20世纪20年代开始，美国社会进入了大众化富裕的时代，老福特是农民的儿子，他认为应该继续勤俭生活，“新三年，旧三年，缝缝补补又三年”。所以继续拼命地生产质优价廉的“T”型车。可是美国人已经不需要这种车了，因为道路已经修理平整了，人们口袋里也有钱了，开始要求车子速度要快，造型要美观，要更节能，而且更具有个性。

但福特汽车公司的产品不仅颜色单调，而且耗油量大、排废量大，完全不符合日益紧张的石油供应市场的要求和日趋严重的环境保护状况。老福特的儿子小福特曾建议父亲推出美观、漂亮、耗油量又小的豪华型轿车，但不为老福特所采纳。

这一时期，美国通用汽车公司和其他几家汽车公司则紧扣市场需求，制订正确的战略规划，生产出款式多样、节能且小型轻便的汽车。到20世纪70年代，在石油危机的助推下，通用公司一跃而上，使得福特汽车公司濒临破产。

老福特这才意识到自己判断失误，转而根据小福特的意见推出豪华型轿车，但是先机已经失去。直到今天，福特汽车也没有回到它昔日龙头老大的宝座。在现实的教训下，老福特感慨地说出了他那句名言：“不创新，就灭亡。”

小组讨论 1

你对老福特总结出的“不创新，就灭亡”这句话有什么样的理解？

小组讨论 2

你能举出别的案例佐证你的观点吗？

知识点 1：创新对社会的作用

知识链接

图 1-15　中国高铁

图 1-16　中国空间站

创新对社会的进步和发展起着关键性的作用，是社会进步的动力源。创新可以改变人们的思维方式和行为方式，激发人们的创造热情。创新是科技进步的决定性因素，不但决定性地影响着科学技术的发明创造，也决定性地影响着科学技术的发明成果及时地转化为直接的社会生产力，最终促进社会经济的迅速发展。创新还能直接推动社会的变革，即以更新更好的制度取代原来的与现实需要不相适应的旧的落后的制度。所以，新旧制度更替的过程实际上也是一个制度创新的过程。

创新是一个民族的灵魂，是一个国家兴旺发达的不竭动力。改革开放后的中国之所以能够迅猛地发展，是因为创新在其中起到了重要的作用。例如，国防实力的提升、教育水平的提高、科研成果的问世、航天事业的发展……无一不以创新作为中坚力量（见图 1-15、图 1-16）。

知识链接 知识点 2：创新对企业的作用

创新对于一个企业来说，是寻找生机和出路的必要条件。

1. 创新是提高企业市场竞争力的最有效形式

对于一个企业来说，通过技术创新、管理创新等，有利于强化企业基础工作、规范管理程序、转换经营机制等，还可以提升科技创新成果转化能力，使其成为企业的核心技术，形成企业的核心业务，最终形成企业的核心市场竞争力，赢得市场。

2. 创新是企业适应市场环境和增强生命力的必然选择

企业通过内部创新要素集成等，迅速汇聚各种创新资源；通过创新管理和组织方式的变革，集成技术创新中的关键要素，从而能有效应对技术与市场均不确定条件下的竞争，确保企业的可持续发展。

3. 创新是推动企业改革的催化剂

企业家起着创新组织者和推动者的作用，具有创新精神的企业家往往会将创新作为企业战略的核心，提供创新方向，凝聚创新人才，筹措创新投入，推动企业创新发展。

4. 创新是企业降低成本、提高生产效率的有效途径

技术创新是提升企业核心竞争力的重要途径。技术的创新可以有效节约资源，减少投入，降低企业成本。

5. 创新是培育国际知名品牌，提高产品国际竞争力的基本动力

在激烈的市场竞争中，企业要想获得持续性的发展，就必须适应市场需求，不断创新，增强企业新技术、新产品研发和品牌创建能力。同时，从发展高科技入手，提高产品的科技含量和质量，形成独特的品牌优势，这样的产品才真正具有国际竞争力。

6. 创新是改变世界商业格局的重要推动力

创新可以改变而且正在改变世界的商业格局。企业要想在未来的竞争中获胜，就必须注重自主创新，不断提高自身的技术研发和技术成果转化能力。

知识链接

知识点3：创新对个人的作用

第1、2、3……全都没人要我？真的毕业就失业？

图1-17　毕业生求职困惑

市场环境、社会环境和就业环境在不断变化，作为一个即将步入职场的大学生，职业发展的机遇与平台也在变化。如何在不变与变化之间把握平衡点，走出具有自己特色的职业光明大道呢？毕业生求职困惑，如图1-17所示。答案是除了持续提升专业能力外，还应该注重创新能力和意识的培养。

当今社会已经进入创新型时代，创新型人才越来越受到企业的青睐。创新能力是每个职业人士不可或缺的能力，它构成了职业人士的核心竞争优势。

对于即将步入工作岗位的大学生来说，一定要在脑海中烙入这句话：创新不是你完成工作后再做的事情，而是你的工作方式。无论你将来身处什么行业，从事什么工作，创新能让你最大化地实现自身的价值，并在职场中立于不败之地，甚至变得不可替代。

拓展阅读

创新思维也许只是一厘米的差距

1. 手机

手机无疑是史上普及最快和使用率最高的发明，它的出现彻底改变了人类的交流方式（见图 1-18），不管有多远的距离，都能实现人们之间的自由通信，信息传递的速度比任何方式都要快。

图 1-18　手机改变了人类的交流方式

2. 计算机

计算机被认为是 20 世纪最先进的科学发明之一，它的出现对于提高人类科技发展的速度有着重要的意义。正是有了计算机的帮助，人类的科技才能够飞速地向前发展。图 1-19 是世界上第一台计算机。

图 1-19　世界上第一台计算机

3. 飞机

虽然人类很早就在寻找能在天空中飞行的办法，但直到一百多年前才造出了飞机，并实现了持续和可控飞行，这为人们的出行提供了方便，也为现代航空工程奠定了基础。即便是在各种交通工具日益发达的今天，飞机仍然是中远距离最高效的运输工具（见图 1-20）。

图 1-20　远距离最高效的运输工具——飞机

4. 在线支付

随着网络的发展，出现了在线支付。在线支付是指卖方与买方通过因特网上的电子商务网站进行交易时，银行为其提供网上资金结算服务的一种业务。它为企业和个人提供了一个安全、快捷、方便的电子商务应用环境和网上资金结算工具。在线支付不仅帮助企业实现了销售款项的快速归集，缩短收款周期，同时也为个人提供了便捷的网上消费支付结算方式，使人们真正做到足不出户，网上购物（见图 1-21）。

图 1-21　网上购物

5. 3D 打印（三维打印）

2019 年 4 月，科学家以病人自身的组织为原材料，使用 3D 打印方式成功打印出全球首颗拥有细胞、血管、心室和心房的“完整”心脏。虽然现在还不具备泵血功能，仍需要进一步的研究，但它展现了广阔的应用前景：因为打印材料源于人自身的组织，可以减少排斥反应，从而为那些有需要者提供了新的心脏来源，不用苦苦等待合适的供体。图 1-22 为英国 CEL 公司推出的 Robox 3D 打印机。

图 1-22　3D 打印机

6. 胰岛素笔

如今我们身边的糖尿病患者越来越常见。到了糖尿病后期，大多数病人需要依靠针管注射胰岛素。现在有了胰岛素笔（见图 1-23），免去了患者用注射器在胰岛素药瓶中抽取胰岛素的烦恼，而且方便携带，痛感更弱，调节剂量也更加精确。

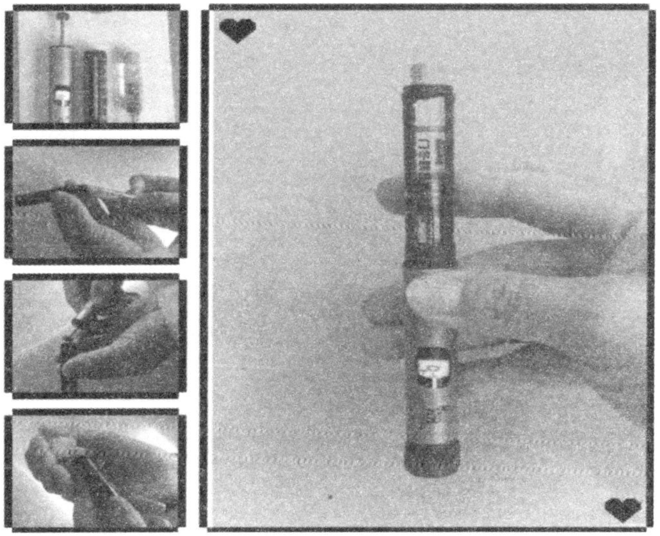

图 1-23　胰岛素笔

7. 智能可穿戴设备

随着智能手表、智能手环以及其他智能可穿戴设备（见图 1-24）的出现，人们的健身和锻炼变得越来越容易自我掌控。这些设备可帮助计步并追踪所燃烧的卡路里，甚至能够跟踪我们的睡眠质量，从而能够让人们更清楚地了解自己的生理状况。

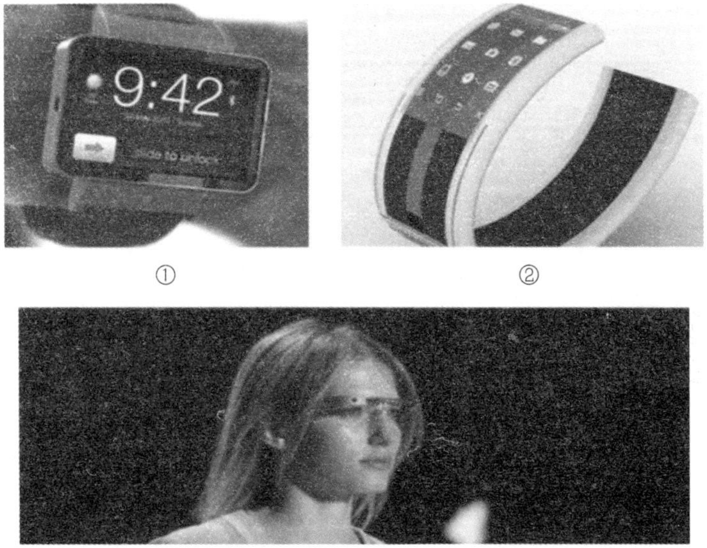

①　②　③

图 1-24　智能可穿戴设备

8. 谷歌眼镜

谷歌眼镜（见图 1-25）是当下最令人兴奋的创新产品之一，原因是其应用潜力巨大。它将使得我们能够更深层地感受日常活动，提升我们与周围环境的交互水平。我们与互联网的连接性将达到前所未有的程度，我们将能够用谷歌眼镜浏览各种有用的信息，如短信、新闻评论、推文和导航信息。有了谷歌眼镜，我们还能够记录周围的点点滴滴，并将记录的东西存储在云端，从而可以保证自己不会遗忘生活中的珍贵时光。

图 1-25　谷歌眼镜

项目二

我们为什么不会创新

一　创新思维的阻碍

二　创新的七个来源

三　创造力是天生的吗

一　创新思维的阻碍

引导案例 让读者帮着“搬家”

英国有一家大型图书馆要搬迁，由于该图书馆藏量巨大，搬运成本算下来非常惊人，这让图书馆的馆长和其他高层管理人员一筹莫展，大伤脑筋。（图 2-1 展示了图书馆一角）这时，有一位图书管理员想出了一个办法，那就是从现在起对读者们敞开借书，并延长还书的日期，只要读者们相应地多付一些押金，并把书还入新的地址就可以。这一措施立刻被采纳。结果自然是一举两得，不但大大节省了图书搬运成本，还受到了读者们的欢迎。

图 2-1 图书馆一角

小组讨论 1

你认为图书管理员能想出这个办法的原因是什么？馆长为什么想不出呢？

小组讨论 2

你还知道类似的故事吗？请举例说明。

知识链接

知识点 1：定式思维

上述案例中的图书管理员只是提出让读者换个还书地点，便轻松地解决了图书馆搬家成本高的问题。这一建议既不需要高深的知识，也无科技含量，为什么图书馆的馆长和其他高层管理人员却想不出来呢？不是他们智商不够，而是他们被定式思维蒙蔽了双眼。

所谓定式思维，即俗称的思维定式，是指按照积累的思维活动经验教训和已有的思维规律，在反复使用中所形成的比较稳定的、定型化了的思维路线、方式、程序、模式等。定式思维会让人难以摆脱已有"框框"的束缚，从而阻碍创新思维的萌发。

1. 有笼必有鸟——心理图式

美国心理学家威廉·詹姆斯(William James)和物理学家切斯特·弗洛伊德·卡尔森(Chester Floyd Carlson)是好友。一天，两人打赌。詹姆斯说："我一定会让你不久就养上一只鸟的。"卡尔森不以为然："我不信！因为我从来就没有想过要养一只鸟。"没过几天，恰逢卡尔森过生日，詹姆斯送上了礼物—— 一个精致的鸟笼。卡尔森笑着说道："我只当它是一件漂亮的工艺品，你就别费劲了。"

可是从那以后，一件令卡尔森糟心的事出现了。只要有客人来访，看见卡尔森书桌旁那只空荡荡的鸟笼，他们无一例外都会问："教授，你养的鸟什么时候死了？"卡尔森只好一次次地向客人解释："我从来就没有养过鸟。"然而这种回答 总是换来客人们不信任的目光。无奈之下，卡尔森教授只好买了一只鸟装进去。

卡尔森为什么会"中计"呢？是因为买一只鸟比解释为什么有一只空鸟笼要简单得多。

图 2-2 有笼必有鸟——心理图式

实际上，人们很多时候总是先在自己的心里挂上一个笼子，然后再不由自主地往其中填一些东西。这就是心理学上的心理图式（见图 2-2），心理图式会极大地阻碍创新思维的产生。

2. 蜜蜂的“一根筋”——惯性思维

有人做了这样一个试验：把六只蜜蜂和同样多的苍蝇装进一个玻璃瓶中，然后将瓶子平放，让瓶底朝着窗户。结果发生了什么情况呢？

蜜蜂不停地想在瓶底上找到出口，一直到它们力竭倒毙或饿死；而苍蝇却用了不到两分钟的时间就穿过另一端的瓶颈逃逸一空。

很显然，蜜蜂之死是由于惯性思维。所谓惯性思维，是指思维沿前一思考路径以线性方式继续延伸，并暂时地封闭了期限的思考方向。蜜蜂基于出口就在光亮处的惯性思维方式，想当然地设定了出口的方位，并且不停地重复着这种自认为合乎逻辑的行动。可以说，正是由于这种思维定式，它们才没有能走出“囚室”。而那些苍蝇则对所谓的逻辑毫不留意，全然没有对亮光产生定式，而是四下乱飞，终于获得了新生。

3.“太空笔”的“发明”——线性思维

有这样一则幽默故事：美国航天员在太空中用圆珠笔写不出字来，于是美国航天局决定划拨 100 万美元的专款用于攻关。经过科研人员的不懈努力，最后终于秘密研制出了专用的“太空笔”(见图 2-3)。

庆祝之余，有位官员突发疑问：苏联航天员在太空中是用什么笔写字的呢？一批精干的谍报人员被派了出去，答案很快就有了：苏联航天员用的是铅笔！

现实生活中类似的例子不胜枚举，其实就是线性思维在“作怪”。线性思维无疑也是创新思维之敌。

图 2-3 太空笔

4. “狗鱼综合征”——拒绝变化

北美有一种鱼，叫作“狗鱼”（见图 2-4），以吃小鱼为生。有一天，一条狗鱼被放置在一个用玻璃隔开的鱼缸中，鱼缸的另一半里养着一些小鱼。这条饥饿的狗鱼立刻对小鱼发起攻击。但它进行了无数次尝试，结果总是撞到玻璃上，痛苦不堪。于是它似乎明白了，自己无论如何也够不到那些小鱼。后来玻璃隔板被拿掉了，但狗鱼仍然不去袭击小鱼，最后被活活饿死了。

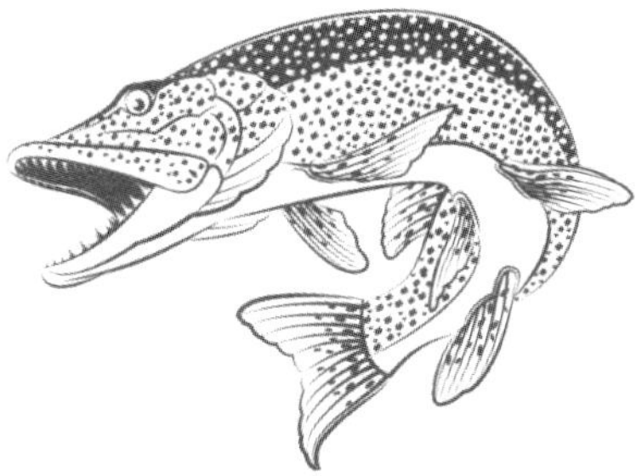

图 2-4 狗鱼

与这些有些凄凉又有些愚钝的狗鱼有着类似思维定式的人在生活中并不少见。人们将遵循着这种定式思维不知变通的现象称作“狗鱼综合征”。“狗鱼综合征”是定式思维的一种，其要害是，环境在变，还在墨守成规，滥用经验。

5. 猴子为什么不吃香蕉——群体惯性

有人做过这样一个试验：将五只猴子放在一个大笼子里，并在笼子中间吊上一串香蕉，只要有猴子拿香蕉，就用高压水惩罚所有的猴子，直到没有猴子再敢动手。

试验的下一步是用一只新猴子替换出笼子里的一只猴子，新来者不知这里的“规矩”，动手去拿香蕉，结果竟触怒了原来笼子里的四只猴子，被暴打了一顿，直到它服从这里的“规矩”为止。

然后，试验人员继续将最初经历过高压水惩罚的猴子逐个换出来，当最后笼子里所有的猴子都是新猴子时，仍然没有一个猴子敢去碰香蕉。

新来的猴子为什么不敢碰香蕉呢？其实是群体惯性思维在作祟。通常来说，群体惯性思维怪圈的形成与人们害怕打破常规带来的风险有关，而这种“保险”性的做法，显然也是创新思维之敌。

课堂演练

我们在思考和解决问题的过程中，难免会陷入思维定式。那么，我们该如何打破思维定式，提高创新和解决问题的能力呢？

在心理学上，有一个关于“问题解决”的经典案例：邓克尔蜡烛问题实验。德国心理学家卡尔·邓克尔(Karl Danker)进行了功能固着的实验。实验的材料包括“一盒图钉、一盒火柴、一根蜡烛”，在实验时，他要求被试者利用现有实验材料，不借助任何工具把蜡烛固定在墙壁上，并要求当蜡烛燃烧时，蜡烛油不能滴在地板上或者桌子上。很多人在解决这个问题的过程中，会陷入一种思维定式，如“盒子是存放图钉的容器”。心理学家研究发现，人们在进行创新性思考和解决问题时，通常有两个方向，一个是我们最常用的“从问题到答案”的方向，另一个更好的思考方向是“从答案到问题”，就是说，我们应该先从一个抽象的方案入手，然后再思考这个方案能够解决什么问题。比如上述实验中的图钉盒子，如果我们能想到这个图钉盒子不仅可以装图钉，还有其他用途，结合问题本身，那么我们很快就可以想到用图钉盒子做支架的办法了。

这个实验带给我们的启示：要解决问题并不难，难在如何打破我们的思维定式。

请你试着突破定式思维，换一个思考方向，解决下面的问题。

1

你能用四条或者更少的直线把上方图中的九个点连起来吗？（不要断笔，也不要重复画线）

2

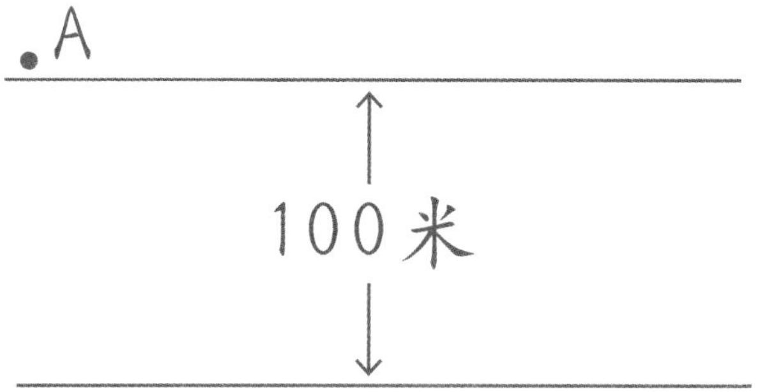

一条河宽100米，现要架设一座桥，它架在河的哪一部分才能使A地到B地走的距离最短？（河的宽度是一样的，且不允许斜着架桥）

B

二　创新的七个来源

神奇 CT 扫描仪，让小孩子再也不怕进医院

引导案例

孩子生病了到医院做检查，是一件令家长和孩子都头疼的事。不少孩子因为恐惧不愿配合，导致检查进程不断延长。

为了缓解孩子的压力，美国纽约长老会摩根士丹利儿童医院想出了一个办法：他们把医院的 CT 室一改往日风格，变身可爱版“海盗岛”——墙上，一只身着海盗服的小猴子正在荡绳索，带着海盗眼罩的小老虎正在四处张望，海盗城堡上的旗帜猎猎飘扬，海鸥、椰子树映衬出一派海岛风光，一个大大的舵赫然画在 CT 机（见图 2-5）上。

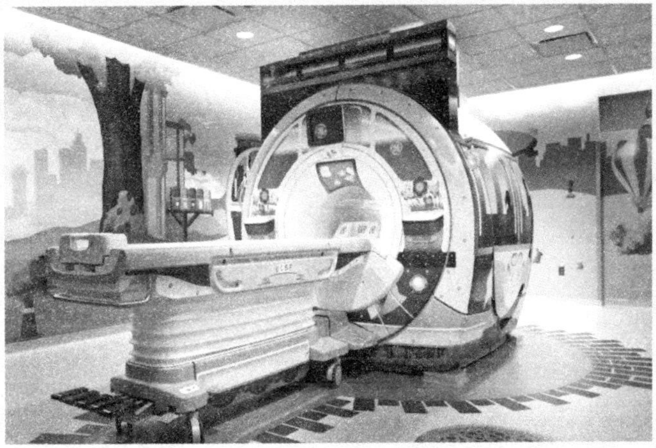

图 2-5 “海盗岛”CT 扫描仪

孩子们做检查时，要先踩着木板路进入这个“海盗岛”，然后躺上船形的检查床，医生宣布“起锚”后，检查床才开始缓缓滑动，检查正式开始。

医生们说，需要接受 CT 检查的一般是患肿瘤等重症或摔伤导致骨折的急症儿童。这些孩子本身就因病痛而情绪不稳定，这个充满童趣的“海盗岛”能对他们起到心理安抚作用。正如医院放射科主任卡丽所说，CT 室改造成“海盗岛”后，受到孩子们和家长们的欢迎，孩子们做检查时不再那么害怕了，甚至有一些成年患者也主动提出要做“海盗 CT”。

小组讨论 1

你认为案例中“海盗岛”CT机的创新举措有哪些？

小组讨论 2

你知道生活中类似的例子吗？请举例说明。

知识链接

知识点 1：意外事件与创新

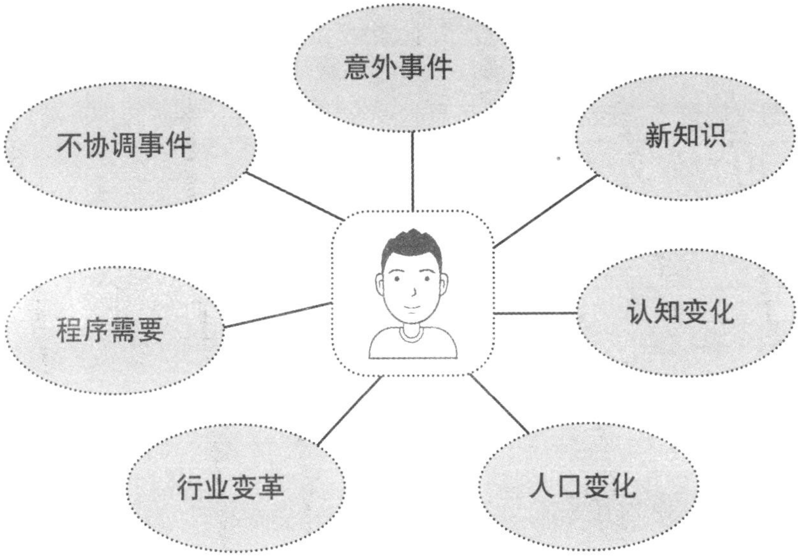

图 2-6　创新的七个来源

有“现代管理学之父”之称的美国管理大师彼得·德鲁克（Peter Drucker）曾说过：“没有哪一种来源能比意外成功更能提供创新机遇了。”确实，意外事件提供的创新机遇风险最小，过程也不艰辛。

当万豪还只是一家餐饮连锁企业时，其管理者注意到，他们在华盛顿特区的一家餐馆生意特别好。经过调查，他们了解到是因为这家餐馆对面是一座机场，当时航班不提供餐饮，很多乘客会到餐馆买些快餐带到飞机上。于是，万豪酒店开始联系与航空公司合作——航空餐饮由此诞生。

意外事件背后蕴含了过去不了解的信息，利用这些信息，我们可以看到商业上新的可能。想利用意外事件创新，需要三个步骤：首先是发现意外，然后是分析意外，最后落实到行动上。创新的七个来源如图 2-6 所示。

知识链接

知识点 2：不协调事件与创新

不协调事件是指那些现状与事实不符或者客观现实与主观想象之间有差异的事件。这种隐藏在不协调事件中的变化趋势，其实也是我们寻求创新机遇的一个重要来源。集装箱就是因为“不协调事件”发明的。

航海公司起初认为只有船跑得更快、船员业务更熟练，航运效率才会更高，公司才能赚钱，但结果整个行业都快干不下去了。后来经过调查才发现，当时影响效率的最大因素不是船和船员，而是轮船在港口闲置、等待卸货再装货太耽误时间，于是就发明出了集装箱。

知识链接

知识点 3：程序需要与创新

基于“程序需要”的创新，与“意外事件”和“不协调事件”一样，广泛存在于一个企业、一个产业或一个服务领域的程序之中，而且并不复杂。简单点说，检查业务流程，看看中间是不是还缺少了什么环节，而你给填补上了，就是抓住了一次创新机遇。比如巴西的阿苏尔航空公司就是因为率先开通了到机场的免费大巴，生意一下就好了。

知识点 4：行业变革与创新

知识链接

市场和产业结构有时可持续多年，从表面上看似乎很稳定。其实不然，柯达的失败就是一个活生生的例子。

柯达一直是相机技术的领先者，然而在过去的十几年里，影像行业出现了革命性的技术创新和市场转向，柯达作为全球最大的影像公司，未能赶上潮流，一步步陷入生死存亡的绝境。而事实上，早在 1975 年，柯达就发明了全球第一台数码相机，而管理层也知道胶卷总有一天会消失。柯达 1998 年就深感传统胶卷业务萎缩之痛，却由于担心胶卷销量受到影响，一直未敢大力发展数字业务。

结果，当市场结构真正变化时，一切都来不及了。2004 年，柯达推出 6 款姗姗来迟的数码相机，利润率却仅为 1%。2011 年，这家百年企业的市值蒸发超过 90%，不得不于 2012 年在美国申请破产保护。

实际上，市场和产业结构相当脆弱，受到一点冲击，就可能迅速瓦解。一个企业如果墨守成规，就很可能坠入万丈深渊。但是，行业变革时期同样也是创新机遇期，抓住了就会赢得光明的前景，就如那些打败柯达的竞争者们。

知识链接

知识点 5：人口变化与创新

美国有一家叫梅尔维尔的鞋业连锁店，在 20 世纪 60 年代初，它还只是一家名不见经传的小店。但它觉察到了战后“生育高峰”这个现象，在第一批“生育高峰”期出生的人进入青少年阶段之前，就把自己的经营对准了这个新市场。它为青少年顾客特别开设了新颖的与众不同的专卖商店，对产品重新进行了设计，并把十六七岁的年轻人设定为自己广告和商品推销的重点对象。随后，它又将经营范围从鞋类扩展到青少年系列服饰。结果，梅尔维尔成为美国发展最快而且盈利最高的零售店之一。10 年以后，其他的零售店才开始迎合青少年的需求。而这时，人口的结构重心已开始从青少年向 20 ～ 25 岁的年龄层转移。

人口变化，也就是人口数量、人口规模、年龄结构等数据的变化。数据背后微小的比例变动，一旦乘以庞大的人口基数，都蕴藏着巨大的商机。不同年龄段的用户的需求差异很大，新一代人群的需求就是创新的源泉。基于人口分布满足差异化的需求，同样可以带来创新。

知识点 6：认知变化与创新

知识链接

人的认知会随着年龄、地位、阅历、学识、财富等的变化而变化，而这种认知的变化也是创新的来源之一。

20 世纪 50 年代初，美国人开始铺天盖地地将自己描述为“中产阶级”，而不再是传统意义上的“劳动阶级”。很显然，此时的美国人已经改变了他们对自己社会地位的认识。那么，这个变化意味着什么呢？

一位名叫本顿的广告公司职员对此进行了调查。调查的结果很清楚：与“劳动阶级”相比，“中产阶级”意味着相信自己的孩子有能力通过优良的成绩而晋升。于是本顿买下了“大英百科全书”公司，并开始向高中孩子的父母兜售百科全书。

“如果你想成为中产阶级，”推销员总是一开口就这样说，“你的孩子必须拥有一套百科全书，才能在学校中有好成绩。”三年之内，本顿成功使“大英百科全书”这家濒临破产的公司起死回生。10 年之后，该公司开始在日本故技重施，以同样的理由获得了同样的成功。

此外，即便是同一样东西，哪怕本身没有变，但人们对它的认知变了，也会带来创新机遇。如电子计算机，最早人们认为只有大企业才会用到，后来意识到家庭也能用，这才有了家用电脑的创新。

知识链接

知识点 7：新知识与创新

纵观人类的发展史，无论何时何地，那些基于新知识的创新都是创新精神中的“超级明星”。它吸引公众注意，能获得投资，是人们经常谈到的创新的最普遍的形式。

基于新知识的创新案例不胜枚举。从柴油发动机、汽车、飞机、计算机、工业自动化生产线、青霉素、互联网等自然科学和技术产品，到管理学、学习理论等非科技的社会创新，无不展现了新知识创新在推动人类进步上所发挥的巨大作用。

拓展阅读　扼杀创新的几种典型想法

可以这样说，在今天的世界，几乎所有的企业都声称自己鼓励创新。然而鼓励创新就真的能创新吗？

当然不是。当年的柯达和诺基亚其实也是号称“鼓励创新”的企业，然而还是轰然倒塌了。那么，到底是什么原因导致企业想要追求创新，却无法真正实现创新的想法呢？

最主要的原因是，人和组织天生具有某些惯性，导致其拒绝创新。

1. 不必要的假设

一对父子出了车祸。父亲当场死亡，男孩重伤并被送到医院。在医院里，外科主刀医生看了一眼男孩说：“我没法给这个孩子做手术。因为他是我儿子，我怕控制不住自己。”

当你看到这个故事的时候，你的第一反应是什么？恐怕很多人都会不约而同地得出一个结论：莫非男孩是主刀医生的私生子？

实际上呢，整个故事根本就与私生子八竿子打不着！真实的原因是，一个孩子的爸爸出车祸死了，当医生的妈妈在手术台前看到了自己的孩子。

那么，为什么许多人的第一反应是“这个孩子是主刀医生的私生子”呢？是因为在人们的潜意识假设中，外科主刀医生通常是男的。而且整个故事大量出现的“他”“男孩”等男性词汇，更加强化了人们的这一假设。

自然地，当你用根本不必要的假设来判断一件事时，你就很容易做出错误的判断。

但是我们长久形成了某种固定的习惯（比如见到的大多数外科医生都是男的），这种过去的习惯被我们当成了“现实”或者“金科玉律”。当我们拿这种所谓“金科玉律”来处理新问题的时候，往往就不由自主地拒绝了创新。

2. 过度追求可预见性

企业或者组织扼杀创新的另一种方式就是对“可预见性”的过度追求。

对“可预见性”的追求几乎是所有人的天性，当听到一个陌生的想法、某种陌生的工作流程，或者仅仅是见到了一种陌生的产品，大部分人内心天然就是拒绝的。

比如说，智能手机刚出现的时候，许多人对它抱着嗤之以鼻的态度，认为“太难学会了”“不会用”……

今天的人们或许对此很不理解，难道多个按键的手机比 1 个按键的手机还要“易用”？然而在多年前抱有这种想法的人确实占多数。

为什么当时的人们会有这种感觉呢？真正的原因其实是，并非智能手机难用，而是智能手机“太陌生”。

有研究发现，在全新产品上市时，不论打多少广告，都有 80% 以上的人只是“感兴趣”但是不购买。大部分人在看到自己的朋友用某款新产品之前（不仅是智能手机），自己很少会买来试用。

这就是人天生的本性，而这样的本性往往导致企业内出现大量的扼杀创新的行为存在。

有过职场经验的人，对这样的场面通常不会感到陌生：经过长时间的思考和分析，你终于想出了一个绝佳的策略——“根据目前的情况，我们需要改进团队的工作流程”。然而当你兴冲冲地找到上司后，就会发现，对方一听完就开始皱眉头，然后说感觉不行。

可是一个人怎么可能在这么短的时间内完成问题界定、可行性分析等流程，进而得出不可行的结论呢？只能说明拒绝你的人根本没有对你的建议进行最起码的“思考”，而是由于“陌生感”本能地予以拒绝。

人一旦被这个本能控制，剩下的事情就简单化了：他们会质疑你没有详细的数据支撑，会指出你的想法没有逻辑，会吐槽“竞争对手做了吗？竞争对手没做，我们去尝试成本太大”，等等。最后再拿“我再考虑下吧”“现在投资要谨慎”等原因拒绝。

为什么上司会做出这样的反应呢？是因为人对“可预见性”有着天生的需求，对“陌生”有着天生的恐惧。而这样对“可预见性”的需求无疑是一个企业或组织扼杀创新的巨大杀手。

所谓“你没有详细的数据支撑”“你的想法没有逻辑”“质问你‘竞争对手做了吗？竞争对手没做，我们去尝试成本太大'"等，这些追问有时候并没有降低风险，降低的不过是“陌生感”，带来的也并不是什么“效益提升”，而不过是“心理安慰”而已。

所以如果有机会，你可以分析清楚这个问题：请问你的拒绝是仔细了解情况并分析利弊后的产物，还是由于天生对陌生感的拒绝和对可预见性的追求？

3. 只想减少错误

严格控制出错率是很多企业取得成功的保证。但是人们往往忽略了另外一件事：

成功＝减少错误＋增加好处。（见图 2-7）

是的，无数事实告诉我们，“减少错误”确实能帮助一个企业取得成功，但并不能让一个企业持续成功，一个企业要想基业长青，还需要增加“好”的方面——比如，不断地创新。

单纯地“减少损失”并不够。就像你把自己所有的病都治好了，也不代表你变得健康了，你只是变得“没有病”而已。而要想变健康，还要“增加好处”——如健身、规律作息等。

对于一个企业来说，也是如此。如果只是把时间花在“遵守内部规定”上，而不是去“寻求新的发现”，这虽然在一定程度上“减少了错误”，但是同样也“减少了好处”——扼杀了创新。

当然，我们并不是说不要“减少错误”，而是应该在“减少错误”和“增加好处”之间取得平衡，不能只关注一端不及其余。

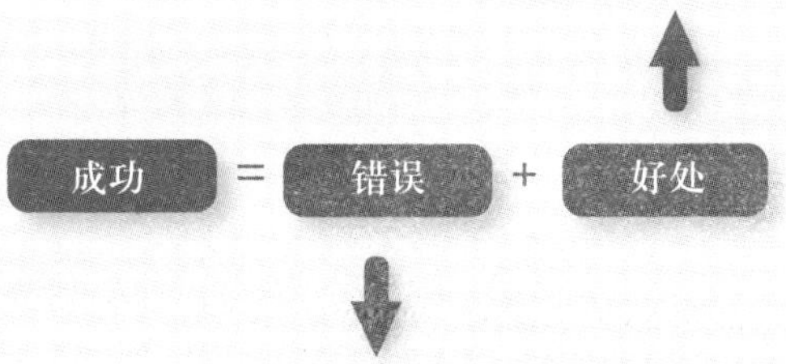

图 2-7 成功＝减少错误＋增加好处

三　创造力是天生的吗

图 2-8　多用途童车

多用途童车的发明

引导案例

一位儿童商品生产商偶然看见一个家长一手抱孩子，一手吃力地拿着一辆小三轮车。他猜想这是因为孩子骑车骑累了要大人抱，才出现了这种情况。于是这位生产商想，如果设计一种多用途童车，家长们就不用受这份累了。

他首先想象出把坐式推车和三轮童车组合起来，在小三轮童车的后面加上一个推把；后来，他又想到加一个连接装置，把童车挂在自行车上作母子车用；接着他又想到，再加一个摇动部分，便可当安乐椅；而要是前面再装一个把手，还能让孩子当木马骑。

经过这些不断的组合想象，他设计出了与众不同的多用途童车。生活中常见的多用途童车如图 2-8 所示。

小组讨论 1

你是否认为前述多用途童车的发明者先天拥有创新基因，而其他人没有？

小组讨论 2

你认为前述童车发明者的身上有哪些值得我们学习的特质？

知识链接

知识点 1：创新者的特征

创新者的特征，如表 2-1 所示。

表 2-1　创新者的特征

序号	特征	序号	特征
1	对研究领域有浓厚的兴趣	11	思维逻辑严谨
2	有敏锐的洞察力	12	经常进行批判性思考
3	有丰富的想象力	13	变通能力强
4	好奇心强	14	举一反三
5	勇于实践	15	总结归纳能力强
6	自信	16	不断尝试突破与超越
7	有毅力	17	对经验持开放态度
8	思维发散，不受局限	18	不屈服于群体的标准和控制
9	知识面广	19	愿意承担风险
10	脚踏实地	20	擅长观察

知识链接

知识点 2：人人皆可创新

在牙膏刚刚发明上市的时候，颇受人们的欢迎，销售量节节攀升，牙膏生产厂家盈利颇丰。但是，随着市场的日益饱和，牙膏的销售量逐渐下降。为此，厂长向全体员工征求提高销售量的建议。不久，厂长收到了很多建议：有的建议改进牙膏配方，增加香味，提高口感；有的建议美化牙膏盒的设计，吸引顾客眼球……这些建议，因为要增加较多的成本而没有被厂长采纳。此时，一个入厂不久的工人建议：将“牙膏口扩大 1mm”。这个建议很快被厂长采纳、实施，牙膏的销售量很快上升，收到了很好的经济效益。

在大多数人的心中，似乎创新是很神秘的、高不可攀的事，是那些专家学者才有的能力。其实不然！像“牙膏口扩大 1mm”这样的建议，不就是由一个普通工人提出的吗？

所以，人人可以创新，关键在于我们要善于激发自身的创新潜能。按照美国著名创新专家克莱顿·克里斯坦森（Clayton Christensen）和杰夫·戴尔（Jeff Dell）等人的说法，下列方法有助于激发我们自身潜藏的创新才能。

1. 提出正确的问题

克莱顿·克里斯坦森和杰夫·戴尔等人曾经说过，提出问题是创造性思维的催化剂。但是，如何提出问题是一门技巧。

你可能听过美国汽车大王福特的名言：“如果你问客户需要什么样的交通工具，所有人的答案都是一辆更快的马车。”这就是把问题问错了，让人们把目标局限在了如何让马车跑得更快上。可是，真正的问题并不在于“马车”，而在于“更快”。也就是说，如果能正确地提出一个好问题，就能帮你跳出原有的视角，甚至能产生一个改变世界的伟大创意。

然而有些人更喜欢维持现状，因此，他们往往会提出“如果……将会怎样”之类的问题。而对于技术创新来说，则需要更具刺激性的问题，以找出限制因素所在。例如，如果寻找的是保持业务增长类的创新理念，提出的问题就应该是：“如果法律禁止我们将产品销售给现有客户的话，应该怎么办？公司明年如何才能盈利？”或者也可以采取美国苹果公司创始人乔布斯的做法，提出“如果不限制资金的话，我们可以创造出什么样的产品”的问题。

2. 找出其他人忽略的地方

鞋子的设计从 19 世纪开始，已经很多年没有大的突破了，新技术的出现让创新成为可能。但是，一个颠覆式的创新并不是所有人都能一眼就识别出来的，它在有些人眼里可能是愚蠢至极的，但在另一些人眼里却可能是新颖和具有革命性的。气垫运动鞋垫的发明就是这样一个例子。一位 NASA（美国航空航天局）的前工程师发明了这项技术，但是当他向阿迪达斯推销的时候，却被当成是胡言乱语的怪人而遭到拒绝。

与之不同的是，当耐克公司的创始人菲尔·奈特（Phil Knight）看到这项发明的时候，当场就把气垫鞋垫塞进自己的鞋里，然后出门跑了 10 千米。新款鞋垫让奈特有一种腾空的感觉，他立即决定买下这项技术。

如果说运动鞋品类是耐克的胜利女神，那么气垫专利就是胜利女神的翅膀，其帮助耐克建立了口碑和忠诚度，成为行业里面绝对的霸者。

奈特为什么能够慧眼识珠，开创一个全新的运动鞋时代呢？他不过是打破固化思维，在别人忽略的地方创新而已。

3. 选择正确的网络

通常情况下，人们建立网络的目的是获得资源，以及与同行进行交流。但对于创新者来说，他们更喜欢选择与不同类型的人进行互动。eBay 的创始人皮埃尔・奥米迪亚（Pierre Omidyar）就经常说，在访问新公司的时候，自己从收发室员工那里获得的信息比首席执行官还多。如果与我们进行交流的人处于不同的社会网络中，就可以比同行和同事更容易获得以前没有考虑过的观点，从而更有利于触发我们创新的灵感。

4. 对想法进行消化

有了创新的想法不代表就能创新成功，还要对想法进行消化。按照克莱顿・克里斯坦森和杰夫・戴尔等人的观点，在进入市场之前，需要先对想法进行验证，并且不要畏惧失败。有两种方法可以用来进行试验：一是将想法分解，再重新组合到一起。这就是美国戴尔公司董事会主席兼首席执行官迈克尔・戴尔（Michael Dell）针对现今的计算机所采用的方法，在这一过程中，他获得了建立直销模式的想法。二是学习新技能。美国苹果公司的创始人史蒂夫・乔布斯在辍学离开里德学院后，决定参加书法培训，一开始他选择这么做的原因仅仅是对艺术很感兴趣。但十年后，书法的感染让他设计出世界上第一台可以进行优美排版设计的苹果电脑。

5. 联想思考

在上述四个方面花费的时间越多，就越有可能获得创新的第五项技能——联想思考。这就是让大脑将看似无关的问题或者想法联系起来的能力。创新突破往往发生在不同学科和领域的交叉之处，我们查阅美国著名的财经杂志《商业周刊》就会发现，排在创新企业一百强前列的企业创始人和首席执行官花费在这方面的时间比标准的首席执行官多 20% 以上。并且，富有创新性的领导者会将这种精神带到公司内部，让所有员工都可以发挥自身的创造力，变成一名创新者。

项目三

创新技法（一）——观察分析

一 同理心地图

二 情境故事法

一　同理心地图

“奇特”的女性用户 引导案例

日本有一家生产蟑螂喷雾剂的公司，发现了一位很“奇特”的女性用户—— 一般人平均半年至一年才会续购杀虫剂，她则是两个星期即用完一瓶杀蟑螂喷雾剂。厂商观察到这个现象后，对此进行了调查分析，发现该名妇人遇见蟑螂出没时，立即用喷雾剂喷洒，直到蟑螂完全不动为止，因为她无法忍受蟑螂继续在她面前活动。事实上，这位行为有些极端的妇人不过是把所有有相同遭遇的消费者未被满足的需求用极端的行为表现出来而已。

洞察到这一需求后，该公司很快研发出针对蟑螂的麻醉剂加入喷雾剂当中，只要蟑螂一接触到喷雾剂，立刻倒地不动，就像立即死亡一般。新产品推出后，广受消费者欢迎。专业杀蟑喷雾剂，如图 3-1 所示。

图 3-1 专业杀蟑喷雾剂

小组讨论 1

上面案例中的蟑螂喷雾剂公司实际上使用了同理心地图，你对同理心地图了解吗?

小组讨论 2

上面的案例对你理解创新技法有什么样的启示?

知识链接

知识点 1：什么是同理心地图

同理心地图（见图 3-2）是一种捕捉用户行为和态度的设计工具，是指从目标用户的视角，分析用户看、说、做、听、想法和感受等，与用户建立起同理心。其有助于快速地让产品设计团队以用户为中心，了解他们的痛苦和收获。

同理心地图的作用，是帮助建立起与用户之间的同理心，更加清晰深入地了解用户是谁，他们在实际交互过程中的感受、想法和行为，以及不同类型的用户会有哪些区别和冲突，从而更好地进行产品设计。

右图是某商务咨询机构在为国内某线上团购企业做体验优化工作时所用到的同理心应用示意图，可以作为参考。

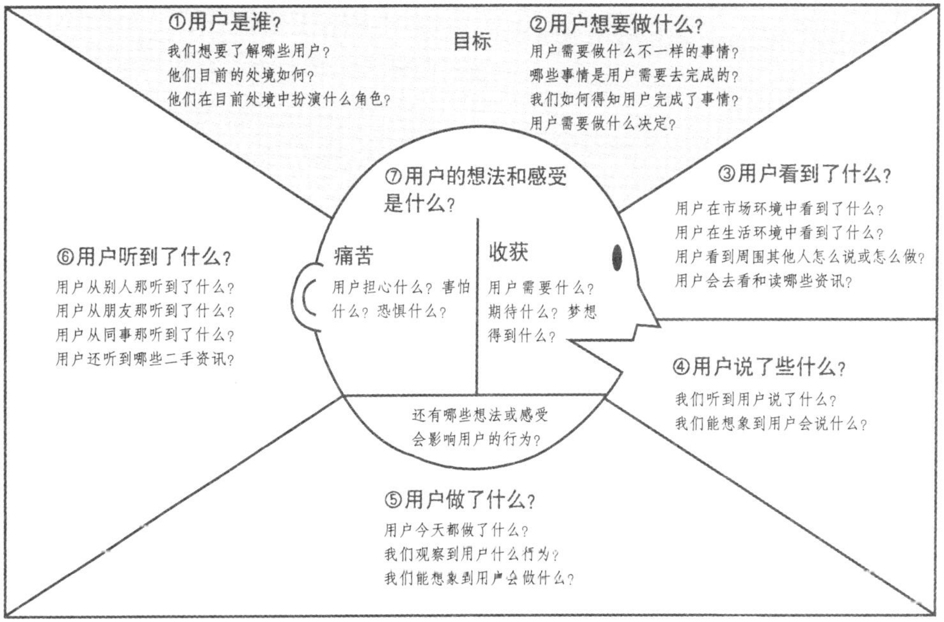

图 3-2 同理心地图

知识链接

知识点 2：同理心地图的三个好处

1. 简单换位

同理心地图的规则相当简单，只要搭配简单的工具，如笔、便利贴、海报纸就可以完成。所有同理的想法可以归纳整合，它帮助我们通过目标族群的经验来了解世界，并通过他们的情感来感受世界。图 3-3 为简单换位模型。

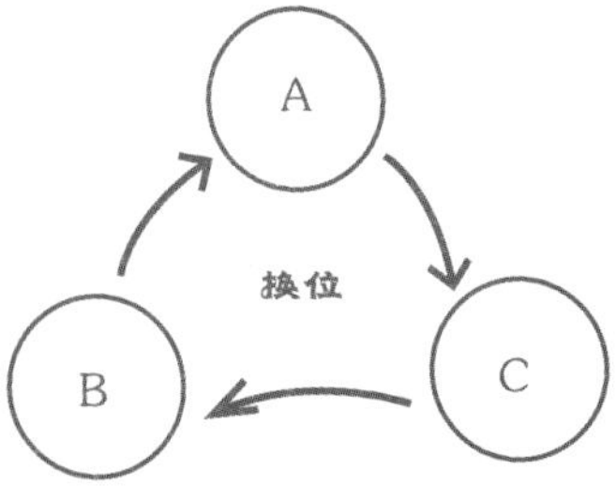

图 3-3　简单换位模型

2. 全面思考

过去我们常在脑中思考目标族群的特质，但这样做的缺点是想法稍纵即逝无法保留，此外，思考的角度也会受限。同理心地图以可视化的方式呈现六大问题，让我们同时可以站在不同的角度进行思考，也能更全面地掌握目标族群的特质。图 3-4 为全面思考模型。

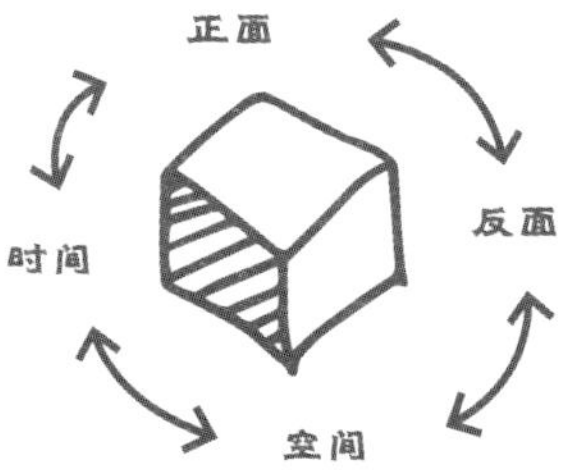

图 3-4　全面思考模型

3. 深入洞察

同理心地图可以让我们对目标族群的信息进行归纳与关联。“相关性”与“矛盾点”都是经由洞察后所发掘出来的深层价值。简报是否能打动人心，在于讲者对于听众内心状态的掌握程度，清楚掌握听众的痛苦与期待，那么目标主题的方向就不至于偏离。图 3-5 为深入洞察模型。

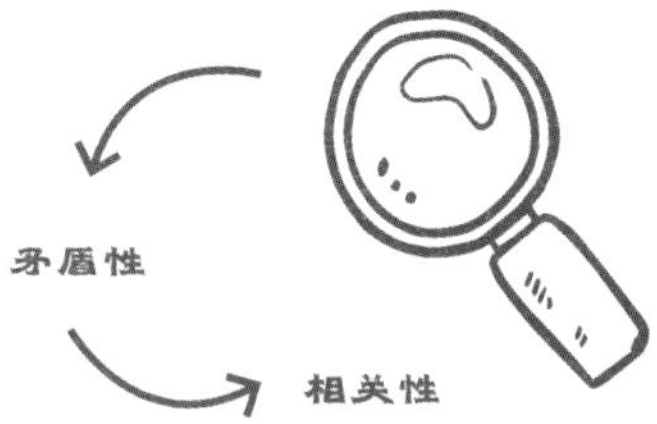

图 3-5　深入洞察模型

知识链接

知识点 3：同理心地图的使用流程

换位 1

首先，选定目标听众族群，并描述其特征，如年龄与背景等。接着想象目标听众处在一个“情境”中，这个情境与演讲者预计要发表的主题有关。例如：主题是有关投资的，那么就在情境中加入投资的相关元素。这一步骤主要是帮助讲者以目标族群的角度来思考。

视觉 2

先在纸上画下同理心地图的六个区块。接下来的重点是要同理目标听众，想象他们在情境中可能会有“想、看、听、说、做”等行为。每次想出一个点子就把它写在一张便利贴上，写完后贴在同理心地图的区块上。

分类 3

完成上一个步骤后，花一些时间观察同理心地图上所有的想法，留意在同一区块是否有些想法的同构性很高，移动它们的位置做简单的分群。在分群的过程中留意哪些想法出现频率较高，它们有可能就是目标听众最关心的议题。

关联 4

简单分群后，再观察所有群组间的“相关性”与“矛盾点”，在此过程中如果有新的想法，可以写在便利贴上并归纳到区块上。注意：相关性的背后存在值得深入洞察的价值，矛盾点的背后隐藏着需要解决的问题。

课堂演练

回到本项目引导案例中，试着用同理心地图的方法观察那位“奇特”的女性，然后发挥自己的想象，尽可能地将下面的表格填完整。

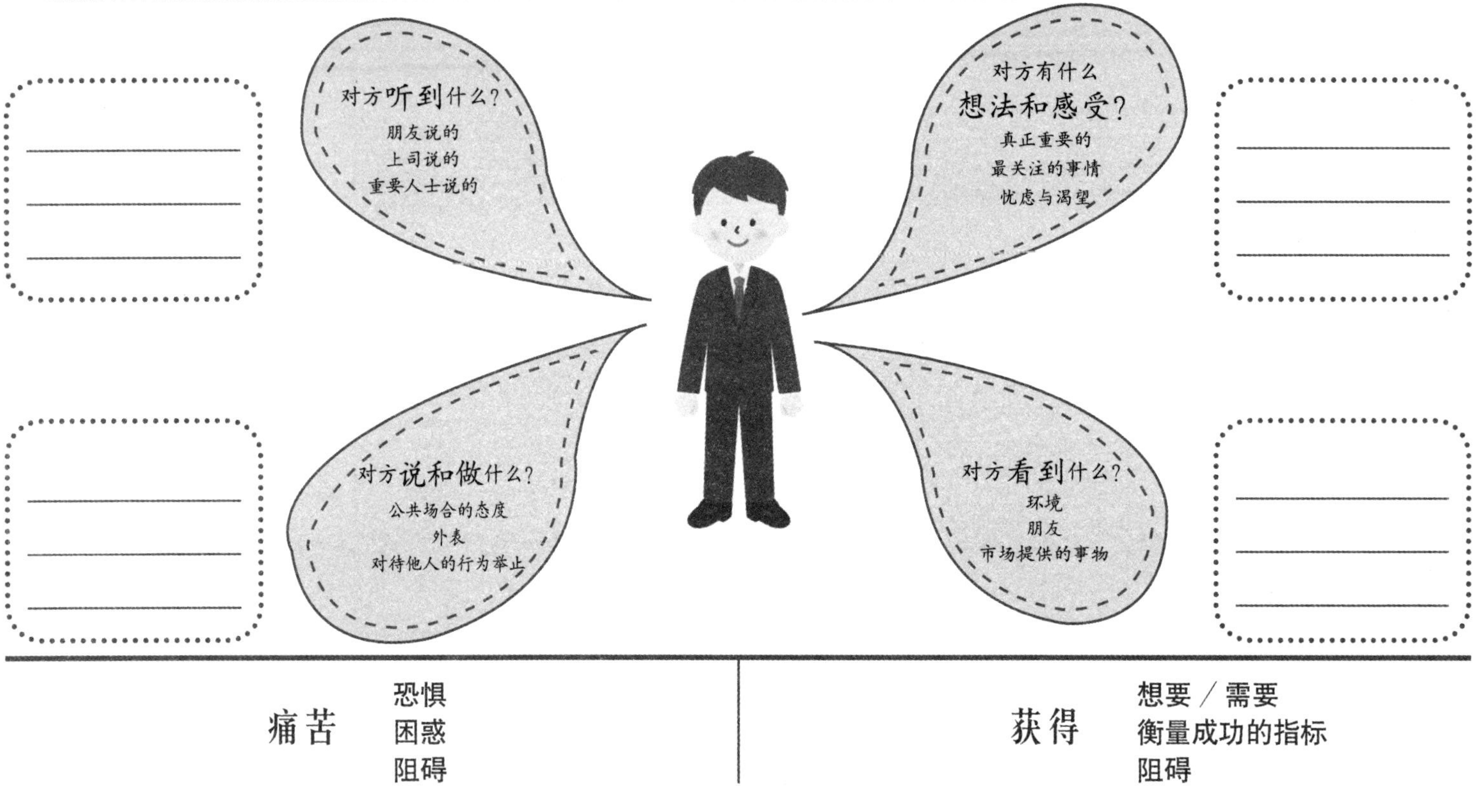

二　情境故事法

引导案例

无印良品设计成功的秘诀——深刻洞察用户的需求

无印良品是一家全球知名的日本杂货品牌。它深受消费者喜欢的原因有很多，产品设计是其中之一。

在设计层面，无印良品一直被誉为“生活形态提案店”：其产品设计坚持“方便实用”的品牌哲学，拒绝虚无的品牌崇拜，将产品的简约性上升至文化高度，提倡简约、自然、有品质的现代生活哲学，通过合理设计，强调物品的内在功能，消除冗余部分，始终诠释“无印良品”的品牌形象，贴近人们对生活的真实感受。

同时，无印良品的设计注重人与物品、人与生活之间的联系。在每件看似简单的无印良品的背后，都凝结着设计师们的系统研究和深入洞察。其设计创意均源自对消费者的生活细节和生活场景中的深刻洞察，通过发现需求、寻找设计灵感，并对物品、工艺材料等进行深入研究，寻找让生活更简约便利的方法，满足消费者的需求。

小组讨论 1

看了上面的案例，你对用户洞察有什么样的感悟？

小组讨论 2

你认为还有哪些方法更有利于洞察用户的需求？请举例说明。

知识链接

知识点 1：什么是情境故事法

传统系统化的设计模式多从设计者的角度出发，通过探讨物与物之间的关系，进行功能性的设计，忽略了设计者与使用者间对产品认知不同所造成的差异。情境故事法则是在产品开发过程中，透过一个想象的故事，包括使用者的特质、事件、产品与环境的关系，模拟未来产品的使用情境，通过使用情境的模拟，探讨分析人与产品之间的互动关系；不断以视觉化及实际体验来引导参与设计开发的人员从使用者使用情境的角度发掘产品构想，评断构想是否符合设计主题，同时检验产品的构想是否符合使用者潜在的需求，基本上就是以使用者为中心的设计。

情境故事法的核心要素是“人”“境”“物”“活动”。“人”指的是产品使用者的特质，如人物性格、购买力、操控力、体力等；“境”是指影响人的环境因素，如居住空间、社会习性、流行风尚、经济结构、工作等；“物”是指与人发生关系的物品属性，如功能、价格、造型、轻重等；“活动”是指在生活中，人与物品所发生的互动关系。情境故事法就是把“人”“境”“活动”视为已知条件，把“物”当作未知目标，通过对已知情境的分析去进行“物”也就是产品的创新设计开发。情境故事法实现原理，如图 3-6 所示。

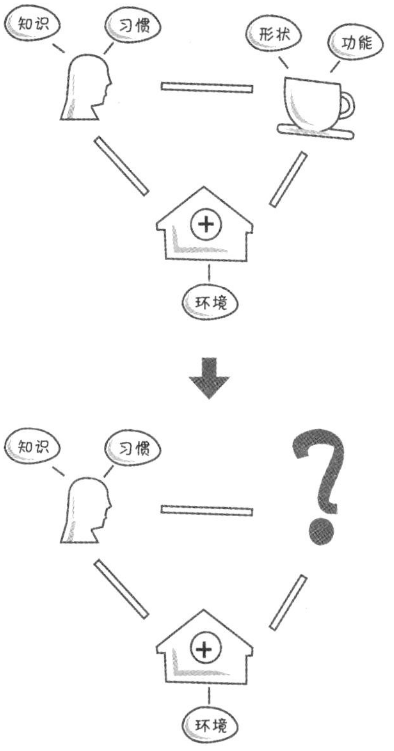

图 3-6 情境故事法实现原理

知识链接

知识点 2：情境故事法的使用流程

在产品创新设计的过程中应用情境故事法，大致可以分为四个步骤：①了解；② 观察；③视觉化；④修正与评估。

了解的内容主要包括使用者的特质、事件、产品与环境等。

观察是指从架构的一个想象的故事情境中去观察一个想象与假设的使用情境，探讨在现实的情况下，如何构想创意与设计主题产品。

视觉化则是情境故事法过程中的重点，也就是透过视觉化来表达故事的内容，透过视觉化来分析人与产品之间的互动关系。视觉化的工具可以是图画、照片、录影带或是电脑模拟等。如何选择视觉化的方式，需根据情境故事中想要描述的行为模式来决定哪种工具可以将主题表达得最清楚。例如，运用动画来描述动态的情境，甚至加上音效。情境的脚本可以是文字的描述、简单的草图、示意的概念到精密的描绘，甚至是深入细腻地表达产品与人之间的互动关系。

修正与评估是指通过各个场景镜头发现使用者在使用过程中可能遇到的问题，并加以分析和解决，并在此基础上提出新的设计方案，让构想在新的故事中得到验证，然后进行评估。应用情境故事法的具体步骤，如图 3-7 所示。

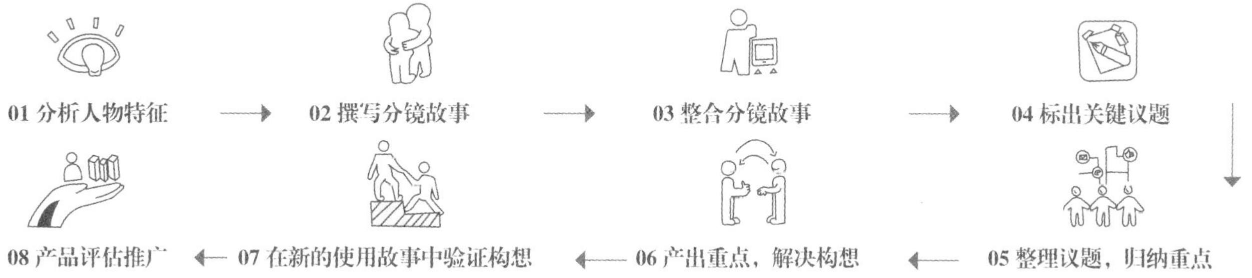

图 3-7 应用情境故事法的具体步骤

知识点 3：情境故事法的应用案例

知识链接

某公司应用情境故事法开发商务笔记本电脑。

1. 典型用户分析

先想好一个真实的主角，设想一个具体的人物进行特性分析：张小凯，男，32 岁，区域销售代表，月收入在 6000 ~ 8000 元，平时工作时间不固定，压力较大，经常出差，工作比较繁忙，讲究实效，他使用商务笔记本电脑的原因是可以随时随地了解最新的市场行情和产品销售状况，接收公司材料，方便在外出差时和公司人员进行交流。

2. 模拟用户最初使用产品的情境

产品使用情境可以这样设计：

张小凯在办公室使用笔记本电脑。

张小凯在外出途中使用笔记本电脑。

张小凯在家中使用笔记本电脑。

然后针对选好的场景撰写故事，通过叙事来描述对策。利用快照的方式捕捉用户使用产品的分镜头，然后找出关键议题（议题指一些待解决、有趣或者有挑战性的事项），发现用户新的需求点（见问题情境示例表 3-1），从而开发新产品。

表 3-1 问题情境示例

镜头	情境描述	需求
1	张小凯临时接到一个出差通知，刚赶到火车站，他左手拉着行李箱，右肩背着笔记本电脑包，刷身份证进站时笔记本电脑包因为太重从右肩滑落到手臂上，差点掉在地上	简单小巧的外形，便于携带，笔记本电脑包可以设计成双肩包形式
2	进入候车室，火车却晚点 1 小时，但他想起今天有份重要的销售报告必须准时交到公司，于是他打开笔记本查找资料想通过网络传过去，却发现资料已被删除，只有手上的打印稿，张小凯不禁有些着急	工作时电脑自带备份系统，在备份卡上备份
3	看看时间，他决定把报告上的内容在电脑上重新打一遍用邮件发过去，1 小时后终于打完发过去了，这时进站的时间到了，他匆匆收拾好笔记本和行李赶紧进站了	电脑上装有扫描设备，可以随时随地扫描文本保存在电脑里

3. 改良产品后的用户使用情境

想想当时情境下，人、物、活动可能产生的问题，并加进去此时心中冒出来的议题灵感，把新的解决方案加入原来的情境中，得到更加完善的情境故事（见方案情境示例表 3-2）。

表 3-2　方案情境示例

镜头	情境描述
1	小凯临时接到出差通知，刚赶到火车站，他左手拉着行李箱，背上背着小巧的双肩笔记本电脑包，他轻松地用右手拿出口袋里的身份证经过查票口进入候车室
2	进入候车室，火车却晚点 1 小时，但他想起今天有份重要的销售报告必须准时交到公司，于是他打开笔记本查找资料想通过网络传过去，却发现资料已被删除，这时他打开电脑里的备份程序，插入备份卡，轻松地找到了那份资料
3	为了确保万无一失，他又按下笔记本电脑上的扫描按钮，把资料原件放进电脑的扫描盘上，扫描了一份然后用邮件发给公司，接着他打开电脑上的音乐开始闭上眼睛倾听，过了一段时间，火车到了，他从容地收拾好行李检票进站

课堂演练

仔细观察身边的产品，选取一款你认为可以加以改进的，然后按照情境故事法的设计流程设计一个问题情境和解决方案。

问题情境

解决方案

拓展阅读

“亲密接触”消费者的洞察力

有个生产即食通心粉的厂家通过研究发现，消费者在烹制通心粉时，喜欢自己加入一点洋葱。为了更好地满足消费者的需求，这个厂家的研发人员在开发新产品时加入了洋葱。此后厂家对消费者进行调查，发现消费者在烹制通心粉时，仍然加入洋葱。厂家对此迷惑不解。

其实，这一现象的背后隐藏着这样一个“真相”：家庭主妇在给家人烹制即食通心粉的时候，有一种没有尽到家庭主妇职责的内疚感，为了消除这种内疚感，她们加入一点自己准备的洋葱，表明这顿饭是自己精心准备的，自己不是一个偷懒的、不称职的家庭主妇。

这种发现“隐藏真相”的行为就是消费者洞察，其实质是透过现象看本质，通过人的行为看心理。通常情况下，消费者表现出来的行为总是自有其原因的，这些原因，有些是消费者挂在嘴上愿意和市场调研人员说的，大多是一些表面的原因，或者是一些人尽皆知的原因。还有一些原因，是消费者不会和市场调研人员说的，要么是他不愿意说，要么是连他自己也没有意识到是这些原因在驱动其行为。发现这些消费者说不出来却又驱动他行为的因素，就是消费者洞察。

从本质上说，研究消费者是市场研究机构工作的出发点；而且，市场研究机构的职责，除了为客户提供数据之外，还要为客户提供具有市场远见的判断机会。通过深度挖掘获得的消费者洞察，恰恰是这些判断机会中的一种。

然而在当今许多企业、公司中，大多数品牌经理、市场总监们却忙着分析数据，忙着做计划，忙着汇报，忙着应付各种既不紧急也不重要的事……忙得基本没有时间接近消费者。

这无疑是一种本末倒置的表现。那么，究竟怎样才能真正称之为“与消费者直接、深度接触”呢？

有这样一个真实的故事：宝洁公司曾经在中国北方农村的一户农家租了一个房间，该公司的工作人员每天与这户农家的人同吃、同住，陪着人家干农活。宝洁公司的工作人员包括品牌经理、研究经理、总监等，一个月轮换一次……

知道宝洁公司成功的原因了吗？

如果将来走上了工作岗位，那么就不要习惯于坐在写字楼里，只把市场研究报告作为获取消费者信息的唯一渠道。走出去吧，去和你的消费者亲密接触，这才是真正的成功之道。

项目四

创新技法（二）——创意激发

一 头脑风暴法

二 六顶思考帽

三 奥斯本 6M 法则

一　头脑风暴法

如何使核桃裂开而不破碎

引导案例

图 4-1　求异思维

某蛋糕厂为了提高核桃裂开的完整率，对“如何使核桃裂开而不破碎”召开了一次会议，会上大家提出了近100个奇思妙想，但似乎都没有实用价值。

就在厂长深感失望的时候，一个进厂不久的员工站起来说：“要不培育一个新品种吧，让这个新品种在成熟时自动裂开。”

大家哄堂大笑，认为这是天方夜谭。但有人顺着这个思路继续思考，想出了一个核桃被完好无损取出的简单有效的好方法：在外壳上钻一个小孔，灌入压缩空气，靠核桃内部压力使核桃裂开。

在取核仁时，人们往往习惯性地想到要从外面去打开核桃壳，而不会想到从内部着手，上述案例中的办法便是一种典型的打破常规思维的求异思维。我们耳熟能详的司马光砸缸的故事，也体现了求异思维，如图 4-1 所示。

小 组 讨 论 1

你认为案例中这个新员工能想出这个办法的原因是什么？

小 组 讨 论 2

如果你是案例中的厂长，听完后，你会接受这个看似“奇特”的建议吗？

知识链接

知识点 1：头脑风暴法的由来

图 4-2 美国创造学家 A.F. 奥斯本

20 世纪 30 年代的一天，穷困潦倒的美国青年亚历克斯·费赫尼·奥斯本（Alex Faickney Osborn）怀揣一篇论文，来到一家广告公司应聘。

奥斯本的论文虽然写得很糟糕，但广告公司的负责人却从中看到了许多创造性火花，便决定留下奥斯本试用三个月。奥斯本很珍惜这来之不易的机会，在试用期内，他每天提出一项革新建议，为公司的发展做出了很大贡献。

1938 年，奥斯本已是纽约一家著名广告公司的副总经理。这一年，他通过对自己过往工作经历的总结，首次提出了一种激发创造性思维的方法——头脑风暴法。头脑风暴法奠定了创新学的基础，奥斯本也由此被人们尊称为创新学之父（见图 4-2）。

1941 年，奥斯本出版了《思考的方法》一书，此书被誉为创新学的奠基之作。

1958 年，奥斯本出版的《创造性想象》发行了 1.2 亿册，曾一度超过《圣经》的销量，堪称世界出版史上的奇迹。

知识链接

知识点 2：头脑风暴法的定义和分类

头脑风暴法（见图 4-3）又称智力激励法、自由思考法等，是由美国创造学家奥斯本于 1939 年首次提出、1953 年正式发表的一种激发思维的方法，主要指借助无限制的自由联想或讨论，产生新观念或激发创新设想，从而更好地解决问题。

头脑风暴法可分为直接头脑风暴法和质疑头脑风暴法。前者是在专家群体决策基础上尽可能激发创造性，产生尽可能多设想的方法；后者则是对前者提出的设想、方案逐一进行质疑，发现其现实可行性的方法，这是一种集体开发创造性思维的方法。

图 4-3　头脑风暴法示意

知识链接

知识点 3：头脑风暴法的激发原理

头脑风暴法的激发原理主要有以下几点。

1 联想反应

联想是产生新观念的基本过程。在集体讨论问题的过程中，每提出一个新的观念，都能引发他人的联想。相继产生一连串的新观念，产生连锁反应，形成新观念堆，为创造性地解决问题提供了更多的可能性。

2 热情感染

在不受任何限制的情况下，集体讨论问题能激发人的热情。人人自由发言、相互影响、相互感染，能形成热潮，突破固有观念的束缚，最大限度地发挥创造性思维的能力。

3 竞争意识

在有竞争意识的情况下，人人争先恐后，竞相发言，不断地开动思维机器，力求提出独到见解、新奇观念。心理学的原理告诉我们，人类有争强好胜的心理，在有竞争意识的情况下，人的心理活动效率可增加 50% 或更多。

4 个人欲望

在集体讨论解决问题的过程中，个人的欲望自由不受任何干扰和控制，是非常重要的。头脑风暴法有一条原则，不得批评仓促的发言，甚至不许有任何怀疑的表情、动作、神色。这就能使每个人畅所欲言，提出大量的新观念。

知识链接

知识点4：头脑风暴法的四大原则

1 营造自由奔放的氛围

在头脑风暴的过程中，需要集中注意力，在会议的中心问题上解放思想，不受束缚地去表达。

2 延迟评判

在头脑风暴的过程中，必须坚持当场不对任何设想做出评价的原则。既不能肯定某个设想，又不能否定某个设想，也不能对某个设想发表评论性的意见。一切评价和判断都要延迟到会议结束以后才能进行。

3 追求数量

头脑风暴会议的目标是获得尽可能多的设想，追求数量是它的首要任务。参加会议的每个人都要抓紧时间多思考，多提设想。至于设想的质量问题，自可留到会后的设想处理阶段去解决。在某种意义上，设想的质量和数量密切相关，产生的设想越多，其中的创造性设想就可能越多。

4 相互启发

可以在别人设想的基础上产生新的想法，不要怕引用别人的创意。

知识链接

知识点 5：头脑风暴法的运作流程

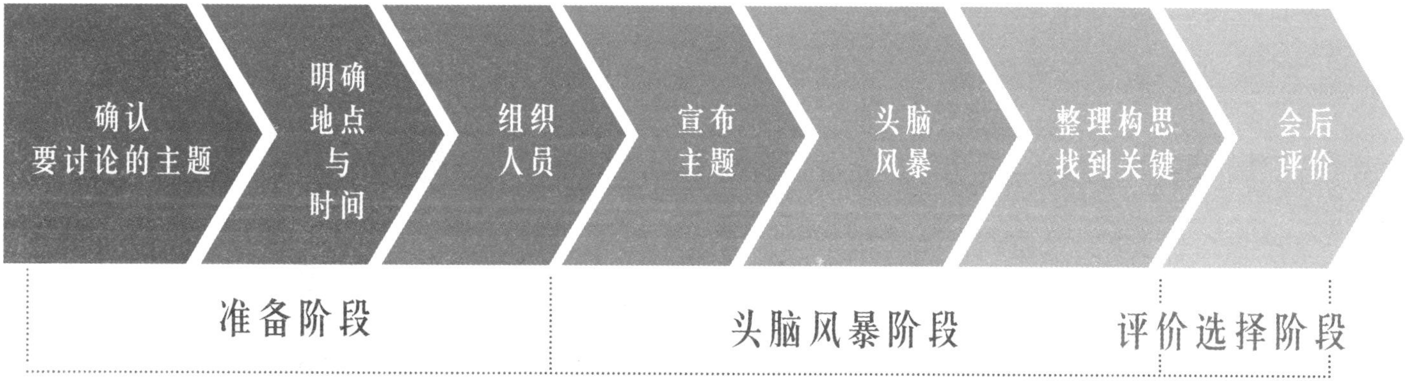

课堂演练

我国北方的冬天，大雪纷飞，电线上经常落满积雪，有时甚至压垮电线，造成通电、通信的故障。过去，人们用扫帚扫、铁锹铲、刀子刮甚至用木头撞……虽然想了很多办法试图解决这一问题，但总是未能如愿。

如果你是电力公司的经理，你将如何运用头脑风暴法来解决这一问题？

图 4-4　落满积雪的电线

二　六顶思考帽

引导案例 广泛运用的思维工具——六顶思考帽

作为思维工具，六顶思考帽（见图 4-5）已被美、日、英、澳等 50 多个国家的政府在学校教育领域内设为教学课程，同时也被世界许多著名商业组织所采用，作为创造组织合力和创造力的通用工具，并取得了极大的成效。

德国西门子公司安排 37 万人学习六顶思考帽，该公司的产品开发时间因之减少了 30%。

英国公共服务电视 4 台的负责人说，通过接受六顶思考帽培训，他们在两天内创造出的新点子比过去六个月里想出的还要多。

英国的施乐公司反映，通过六顶思考帽的学习，他们仅用不到一天的时间就完成了过去需要一周才能完成的工作。

芬兰的 ABB 公司曾就国际项目的讨论花了 30 天的时间，而今天，通过使用六顶思考帽，仅用了两天就完成了。

美国摩根公司通过使用六顶思考帽，将会议时间减少了 80%，并改变了他们在欧洲的公司文化。

麦当劳日本公司让员工参加六顶思考帽思维训练，取得了显著成效——员工变得更有激情，坦诚交流减少了“黑色思考帽”的消极作用。

……

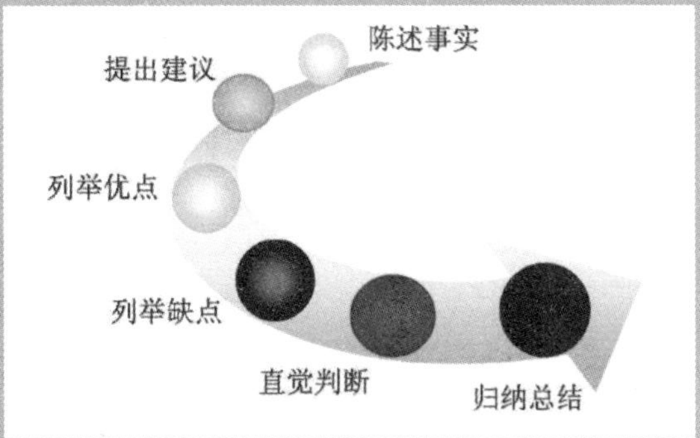

图 4-5　六顶思考帽概述

小组讨论 1

你认为六顶思考帽在上述案例中起到了什么作用?

小组讨论 2

上述案例给了你什么样的启发?

知识链接

知识点 1：六顶思考帽的由来

爱德华·德·博诺博士（Dr. Edward de Bono，见图 4-6）被誉为“20 世纪改变人类思考方式的缔造者”，是举世公认的创造思维学领域和思维训练学领域的权威，被尊为“创新思维学之父”。他 1933 年出生于马耳他，获得过牛津大学心理学、医学博士学位，是剑桥大学的医学博士，曾任职于牛津大学、伦敦大学、哈佛大学和剑桥大学。

爱德华·德·博诺博士第一次把创造性思维的研究建立在科学的基础上，是思维训练领域的国际权威。欧洲创新协会将他列为人类历史上贡献最大的 250 人之一，在全世界企业界有极为广泛的影响，德·博诺这个名字已经成为创造力和新思维的象征。

德·博诺已出版的著作有 62 种，其代表作《六顶思考帽》和《水平思考法》被译成 37 种语言，行销 54 个国家，在这些国家的企业界、教育界和政界得到了广泛的推广和肯定。长期以来，德·博诺思维作为政府、企业和个人生活的决策指南，一直被公认为是最有效的创新思维训练工具。国际思维大会由于德·博诺对人类思维的杰出贡献而授予他“先驱者”称号。

图 4-6 爱德华·德·博诺博士

知识点 2：垂直思维与平行思维

知识链接

垂直思维：又称为逻辑思考法或收敛性思维。它是指用逻辑的、传统的思维方法来解决疑难问题的思维方法。垂直思维是按照一定的思维路线或思维逻辑进行的向上或向下的垂直式思考方法。这是一种头脑的自我扩大方法，以思维的逻辑性、严密性和深刻性见长，一向被评价为最理想的思考法之一。

平行思维：平行思维是六顶思考帽提供的工具，是指从不同角度认知同一个问题的思考模式。当人们使用平行思维时，便能够跳出原有的认知模式和心理框架，打破思维定式，通过转换思维角度和方向来重新构建新概念和新认知。平行思维涵盖了以下思考方法：水平思考法、侧向思考法、横向思考法、逆向思考法。运用平行思维，能够拓展人们的视野，促使人们进行创造性思考和建设性思考，使人们看到解决问题的更多可能性。

垂直思维与平行思维的比较：

①垂直思维是选择性的，平行思维是生生不息的；

②垂直思维的移动是只在有了一个方向时才移动，平行思维的移动则是为了产生一个新的方向；

③垂直思维是按部就班，平行思维则可以跳来跳去；

④垂直思维是分析性的，平行思维则是激发性的；

⑤垂直思维者必须每一步都正确，平行思维则不必；

⑥垂直思维为了封闭某些途径要用否定，平行思维则无否定可言；

⑦垂直思维要集中排除不相关者，平行思维则欢迎新东西闯入；

⑧用垂直思维，类别、分类和名称都是固定的，用平行思维则不必；

⑨垂直思维遵循最可能的途径，平行思维则探索最不可能的途径；

⑩垂直思维是无限的过程，平行思维则是或然的过程。

知识链接

知识点 3：六顶思考帽——各帽子颜色的定义

六顶思考帽是一种思维训练模式，也是一个全面思考问题的模型。运用六顶思考帽，将会使混乱的思考变得更清晰，使团体中无意义的争论变成集思广益的创造，使每个人变得富有创造性。

顾名思义，六顶思考帽是指使用六种不同颜色的帽子代表六种不同的思维模式，如图 4-7 所示。

白色帽子：注意力集中在相关的事实、数据和信息上。我们有哪些信息？我们需要哪些信息？

红色帽子：集中关注情感、感觉、直觉和预感。我此时此刻对这件事情有什么感觉？

黑色帽子：集中关注真相、判断和合理性。这合乎事实吗？它有效吗？它安全吗？它可行吗？

黄色帽子：集中关注优点和好处。为什么它是可行的？为什么它有好处？为什么它是一件好事？

绿色帽子：集中关注建议、提议、新的创意或其他选择。我们在这里能做什么？还有其他不同的主意吗？

蓝色帽子：代表对思考的思考，注重控制思考过程，对我们的思考已经进行到哪里了进行总结，设立下一个思考步骤，设立思考的程序。

图 4-7　六顶思考帽的思维模式

知识链接

知识点 4：六顶思考帽的使用方法

用六顶思考帽来考虑我们工作中存在的问题，会收到意外的效果。

运用“白色思考帽”来思考、搜集各环节的信息，收取各个部门存在的问题，找到基础数据。

戴上“绿色思考帽”，用创新的思维来考虑这些问题，不是一个人思考，而是各层次的管理人员都用创新的思维去思考，大家提出各自解决问题的办法、好的建议、好的措施。也许这些方法不对甚至无法实施。但是，运用创新的思维方式就是要跳出一般的思维模式。

接着，分别戴上“黄色思考帽”和“黑色思考帽”，对所有的想法从“光明面”和“良性面”逐个进行分析，对每一种想法的危险性和隐患进行分析，找出最佳契合点。“黄色思考帽”和“黑色思考帽”这两种思考方法，就好像是孟子的性善论和性恶论，都能进行否定或肯定。

此后，再戴上“红色思考帽”，从经验、直觉上，对已经过滤的问题进行分析、筛选，做出决定。

在思考的过程中，还应随时运用“蓝色思考帽”，对思考的顺序进行调整和控制，甚至有时还要刹车。因为，观点可能是正确的，也可能会进入死胡同。所以，在整个思考过程中，应随时调换思考帽，进行不同角度的分析和讨论。

需要指出的是，在一次思考过程中，并不需要每种帽子都要使用。帽子的顺序可以调整，且相同的帽子可以间隔出现多次。蓝帽是一个非常关键的角色，它直接关乎整个思考过程的有效性。因为它要依据思考的主题设计思考本身的过程，且要不停地确保整个过程走在正确的路线上。所以蓝帽的角色一般是团队中信息最多、逻辑最清楚的人来担任。

六顶思考帽个人和团队均可使用。如果个人的思考是“混杂”多种因素的，那么团队在集体思考时，将面临规模性的“混乱”。越“混乱”的思考场景，其价值越大。

课堂演练

某公司很快就要召开年会了，此次年会将有很多重量级嘉宾参加，包含集团公司的董事会成员、重要客户代表以及行业协会领导等。总共将有超过1000人与会，需要预订超大会场，还需要安排年会直播，以使外地分部的800名员工能同步参与。

假设你是年会的组织者，请试着组织7～8个人的讨论小组，并运用六顶思考帽来分析本次年会的筹备工作。

三　奥斯本 6M 法则

福特"野马"汽车是如何成功的?

引导案例

20 世纪 60 年代，世界进入了和平时期，这也使美国的经济得到了迅速复苏，无数年轻人开始追求各种新鲜刺激的“玩物”。而作为本土车企的福特公司，敏锐地察觉到了人们的用车需求，并感觉到了这个市场还没有饱和，于是为了满足人们的需求，福特公司于 1962 年设计出了全新的“野马”车的原型。但是这台原型车因其两座的设计没有通过福特高层的审核，于是福特将“野马”改为了四座设计。

1964 年，第一代福特“野马”正式诞生，新车一经上市，就凭借着别的品牌从未有过的极具张力的线条和力量感的外形设计吸引了无数消费者的眼光，同时其与众不同的左右对称三竖条尾灯以及侧面前部的野马和条纹的标志，都成为日后“野马”车型的标志性特征。

这款车在当时有多火呢？在第一代福特“野马”刚刚开始预订的时候，就已经收到了 2.2 万份的订单量，而后这款车的销量也是不断上升，仅一年便在美国完成了 41.7 万辆的销售成绩，在当时堪称奇迹。

小组讨论 1

在上面案例中，你认为“野马”汽车的创新点在哪里？

小组讨论 2

你对奥斯本 6M 法则的内容有所了解吗？如果了解，你认为野马汽车运用了奥斯本 6M 法则的哪一条法则？

知识链接

知识点 1：奥斯本 6M 法则

除了头脑风暴法外，创新学之父奥斯本还提出了“奥斯本 6M 法则”，通过发问 6 个 May（可以），来获取创造创新之捷径。其主要内容如下：

改变	即改变功能、颜色、形状、气味和其他
增加	即增加尺寸、强度和新的特征
减少	即做好减轻、减薄、减短、减去过多功能，至少是一时用不上的功能
替代	即用其他材料、零部件、能源、色彩来取而代之
颠倒	即对现有设计来一个上下、左右、里外、正反、前后的颠倒，甚至目标与手段的颠倒
重组	即零部件、材料、方案、财务等重新组合，包括叠加、复合、化合、混合、综合等

按照 6M 法则，通过简单的改变、增加、减少、替代、颠倒、重组，便能有效激发企业积极创新产品，适应消费趋势，扩大产品市场。

知识点 2：创新手法之改变

知识链接

改变是指能否通过改变功能、形状、颜色、气味等进行产品创新？改变是产品创新的第一要素，很多市场上常见的产品，只要稍做改变，就可以让消费者眼前一亮。

躺在床上，明明应该是最放松的时刻，现在却有越来越多的人感到煎熬。枕头硬了软了，高了低了，一不留神脖子就受罪；冬夜入睡，翻个身就被冷风侵袭，导致颈间的衣物越塞越多；被子不贴身，想要睡得暖，就得使劲按……

互联网新概念家居产品 Mr.7 栖先生推出的“结构型家纺”找准消费者的睡眠新痛点，大胆颠覆了传统被子枕头的固有形态，从结构、形态的维度设计出一系列专业解决睡眠新问题的产品。结构创新一小步，品质睡眠一大步。这种突破在家纺行业具有里程碑意义，一经推广立刻受到了市场和消费者的欢迎。

从上述案例中，我们可以明白：当你的产品跟竞争对手相似时，你可以考虑一下在外观、功能等方面做出一些改变，这能够让你迅速做出反应，以最直观的方式，快速占领消费市场。

知识链接 知识点3：创新手法之增加

增加是6M法则中的一种有效的创新手法，在企业运营过程中有着非常重要的作用。增加法则主要是指通过增加尺寸、使用时间、强度、新的功能等使产品得到创新。

通过增加来进行产品创新的例子，在市场操作中可谓比比皆是，也屡屡被证明是可行的。

前些年，阿根廷的狭窄公路上常常会发生严重的交通事故，每年在这些狭窄公路上丧命的人不计其数。韩国三星集团从这些触目惊心的数字上受到启发，研发了一种“安全卡车”（见图4-8）。这种“安全卡车”与其他普通卡车的不同之处就在于卡车前部安装了无线摄像机，卡车后方安装了三星的超大液晶电视屏幕，实时播放摄像机拍摄到的前方路况。这样卡车后面的车就能透过卡车了解前方的路况，避免了追尾等交通事故的发生。

图4-8 安全卡车

知识点 4：创新手法之减少

知识链接

和增加刚好相反，减少法则是减少一些不必要的东西，属于增加创新的逆过程，如减轻、减薄等。早期的手机体积庞大，携带不便，后来设计得越来越轻薄，越来越小巧，就是这样一种设计法则。

在做减法这一点上，不得不提到苹果公司。苹果的产品，无论是手机、电脑、平板甚至是做网站，都遵循一个原则：少即是多。

苹果的官网（见图 4-9）曾受到很多人的评价，不少人认为它缺乏装饰，看起来就像是个没有经过美化的产品目录，但更多人却觉得它简洁大方，很新潮。

苹果创始人乔布斯认为，苹果官网是为用户提供产品信息的平台，他希望网站有趣、有吸引力，但绝不允许它朝着前卫的方向发展。他觉得如果企业不是以最基本的产品而是以华而不实的东西来吸引用户，那是懒惰的表现，乔布斯极力主张：苹果的官网，就是应该避免轻浮，这样可以让消费者尽快地找到自己想要的产品。

图 4-9　简洁的苹果官网

知识链接 **知识点 5：创新手法之替代**

替代是取代原有的材料、零部件、能源、颜色等方面的设计。替代一般是随着新技术、新材料、新能源的出现而采用的一种产品创新方法。

前些年推出的新款摩拜单车，车架是由航天级钪合金材料打造的，强度更高同时大大减轻重量，使用寿命是普通铝合金材料的 3 倍以上。同时，新款摩拜单车在行业内率先采用了汽车级碟刹系统，刹停距离比其他品牌的传统刹车条缩短了 15% ~ 20%，且不会出现传统刹车条频繁使用后的“热衰减”现象，大大提升了安全性能。

替代法创新，经常依赖于新技术、新材料的出现，这就要求我们对自己所在的行业要保持灵敏的商业嗅觉，平时要每天甚至时刻关注行业内的最新动态。在接收到最新行业信息后，立刻思考：能否为己所用？这种新技术的出现，会对我的产品和项目产生什么样的影响？

知识链接

知识点 6：创新手法之颠倒

颠倒是一种逆向思维的产品创新方法，对于习惯用正向思维思考问题的人来说，在正向思考走不通的情况下，试一下逆向思维，它可能会让你找到一条独特的产品创新之路。图 4-10 所示为颠倒思维创意——反向雨伞。

圆珠笔被发明之后，一直存在漏油的问题，经常会弄脏衣服。其原因是，笔珠写了两万以上的字之后，就会坏掉，从而导致漏油。许多厂商为此投入大量经费进行研究，有的甚至用宝石来做笔珠，但是由于成本高昂，始终无法推广。后来一个人想：既然圆珠笔是在写到两万字开始漏油的，那就少装一点油，让它在写到一万五千字左右就把油用光，不就不漏油了吗？于是这个问题得到了解决。

图 4-10　颠倒思维创意——反向雨伞

产品创新不能循规蹈矩，有时候在正方向上走不通，就要从反方向上试试，有时候用打破常规的思维方式，往往会让你取得意想不到的效果。

知识点 7：创新手法之重组

知识链接

重组是先否定、再创造的过程，是指可以对企业原有的零部件、材料、方案、财务等进行重新组合。有一句话说得好：很多时候，创新就是老元素的新组合。

壁挂式 CD 播放器（见图 4-11），是一个如同方形换气扇一样可以挂在墙上、拉下电源线就能够进行播放的 CD 播放器。这款产品的创意很简单，其实就是把风扇和 CD 播放机重新组合到了一起，想要听音乐，你只需要轻轻地拽一下它下方的电线，音乐就仿佛风一样，向你迎面吹来。一个小小的创意，让生活变得更有趣，也让产品的价值倍增。

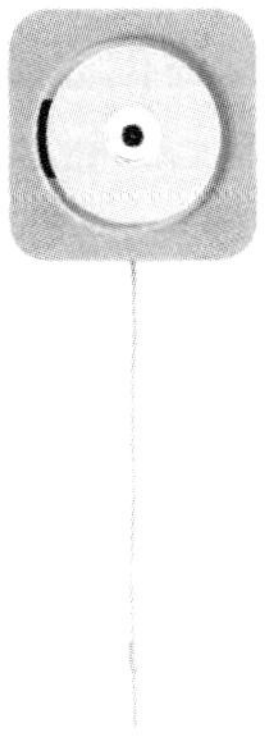

图 4-11　壁挂式 CD 播放器

重组性创新对企业要求更加严格。首先必须更加深刻地了解市场竞争，其次在进行重组性产品创新过程中须注意市场开发的风险控制。因为相对于奥斯本其他创新法则，重组创新更具原创性色彩。只要有效地运用重组中的有利因素，合理规避不利因素，重组创新就将为企业带来丰厚的市场回报。

课堂演练

试用创新手法解决以下问题，并指出是何种创新手法。

（1）某工厂生产剃须刀，采用自动化包装技术，但品质部门发现流水线上总是出现未包装的空盒子。在自动包装机器维修好之前，生产必须正常运转。请提出可行的方法。

（2）某服装公司召回了大量的牛仔裤产品，因为调色剂使用不对，导致牛仔裤有大小不等的斑点，请提出一种或几种方法，将损失降到最小。

拓展阅读 创意检查表

创意被激发时，我们可以用到创意检查表，通过对一系列问题的询问来使原来的方案、产品、流程等得到创新。

创造其他用途	旧方案／产品／流程是否有新用途？	若修改其内容，以后是否能改变其用途
引进新的意涵	旧方案／产品／流程是否有其他意涵？	此外，还有什么类似的产品／流程
修正或改变	可否改变既有方案／产品／流程的某些属性？	
放大	可否放大既有方案／产品／流程的某些属性或局部？	

缩小	可否缩小既有方案／产品／流程的某些属性或局部？		
取代	谁能代替决策者做决策？	备选方案／产品／流程是什么？	执行人员可否被取代？
重新排列	可否改变产品的组成和排列顺序？	可否改变方案／流程的因果关系？	
反转或颠倒	既有方案／产品／流程的相反方向是什么？	可否放大既有方案／产品／流程的某些属性或局部？	
组合	如何组合旧的元素，创造新方案／产品／流程？	如何将不同的目标、想法、用途结合起来？	

项目五

创新技法（三）——跨界创新

一 开放式创新

二 世界咖啡会谈

一　开放式创新

快速消费品行业开放式创新已蔚然成风

引导案例

互联网的发展大大降低了企业寻求外部资源的成本。许多企业都开始重视蕴藏在大众身上的无限创造力。与企业和专业机构相比，大众的知识更为分散，缺乏系统性和连贯性，但由于数量庞大，且不受固有研发思维的束缚，往往能够产生足够的创意火花。

薯片品牌 Walkers 举办创意风味征集活动——“Do us a flavour（给我们调味吗）”？120 万份创意作品和空前的大众热情，最终为 Walkers 薯片带来 14% 的销量增长和 6% 的品牌认知度提升。百事公司由此大受鼓舞，在接下来的几年里连续开展此项活动，用大众的力量创造出多款畅销产品。

美国饮料品牌酷乐仕为了设计一种具有健康形象的维生素饮料，在脸书（Facebook）上通过软件“Flavor Creator”，策划了一场成功的研发众包活动。3 个月内，超过 100 万人在活动页面上从玩游戏、回答问题开始，逐步参与到产品研发过程中：投票评选自己喜欢的风味，设计产品名称与标签，描绘产品应有的功能和卖点。获胜产品——一款加入咖啡因和维生素的黑樱桃柠檬风味水，不久后真就上市销售，而且销量喜人。

德国麦当劳向当地民众发起创意汉堡的征集活动。麦当劳最终从 116000 件参赛作品中遴选出 5 人的创意进入决赛。随后，麦当劳餐厅中连续 5 周每周销售 1 种口味的汉堡，并在电视广告中展示创意者的作品和风采。此举大大激发了消费者对于麦当劳的认知度和参与感。

……

让更多人参与到创新的过程中，集合大众的思想灵感，必能擦出更加明亮的火花，开放式创新的力量便是如此。

小组讨论 1

通过上面的案例，你对开放式创新有什么样的初步认知？

小组讨论 2

如果你是上面案例中的参与者，你能提出更好的创意吗？

知识链接

知识点 1：什么是开放式创新

图 5-1　亨利 · 切萨布鲁夫

开放式创新概念的首创者是美国哈佛大学技术学系和企业学系教授亨利 · 切萨布鲁夫（Henry Chesbrough，见图 5-1），他在 2003 年由哈佛商学院出版社出版的《开放式创新》一书中提出了这个主题。

开放式创新是将企业传统封闭式的创新模式开放，引入外部的创新能力。在开放式创新模式下，企业期望在发展技术和产品时，也能够像使用内部研究能力一样借用外部的研究能力，也能够使用自身渠道和外部渠道来共同拓展市场的创新方式。

在知识经济时代，企业仅仅依靠内部的资源进行高成本的创新活动，已经难以适应快速发展的市场需求以及日益激烈的企业竞争形式。在这种背景下，开放式创新正在逐渐成为企业创新的主导模式。该观念指出，企业应把外部创意和外部市场化渠道的作用上升到和封闭式创新模式下的内部创意以及内部市场化渠道同样重要的地位，均衡协调内部和外部的资源进行创新，不仅把创新的目标寄托在传统的产品经营上，还积极寻找外部的合资、技术特许、委外研究、技术合伙、战略联盟或者风险投资等合适的商业模式来尽快地把创新思想变为现实产品与利润。

知识链接

知识点 2：为什么要进行开放式创新

1．企业创新面临严峻的挑战

高度互联互通的社会，使得信息得到全方位的快速传播和融合，这对于企业而言，既是机遇又是挑战。由于数字技术带来的颠覆性影响，体现“多快好省”的新产品及新服务不断在市场上涌现，它们既有可能很快被市场接受，又可能很快衰落。这种局面造成企业学习的时间大大缩短，新产品、新技术所带来的竞争优势很难维持；由于各产业融合混战、跨界竞争，竞争者来自四面八方，也让企业应接不暇。企业面临的创新难点，如图 5-2 所示。

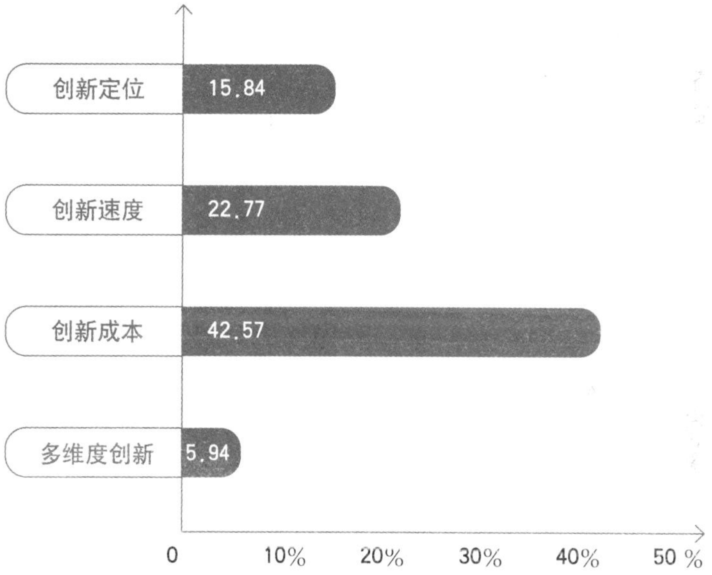

图 5-2　企业面临的创新难点

环境越多变，创新越重要。既然市场需要“多快好省”的新产品和新服务，企业创新就要满足以下四个要求：定位准——创新要找准市场和消费者痛点；速度快——创新的周期要缩短；价格低——对创新成本要更有效地管理，做到物美与价廉兼得；多维度——创新不仅局限于传统意义上的科技创新，还需要流程、商业模式等多方面的综合创新才能将创新的价值最大化。

2. 开放式创新对企业更重要

以前，绝大多数公司会把自己的蓝图、研发、战略和其他知识产权锁在组织的围墙里。但由于先进的技术、社交媒体、其他宝贵的资源（如随时可获得的客户反馈）的发展，这些界限正在消失。知识从一家公司流向另一家公司更容易，行业关系也越来越牢固。这种不断变化的商业模式正在创造一个开放创新的新世界。

（1）开放式创新更有利于公开交换意见

开放式创新本质上是一种与一群人（在商业中，他们可以是客户、供应商和竞争对手等）合作的实践，以解决商业问题、产生新的想法和有效开发产品。相比封闭式创新是在组织的隐私范围内进行上述活动，开放式创新的开放特性使其更有助于不同行业的公司进行思想交流，从而产生新的想法，加速长期创新。

（2）开放式创新解决问题更快

封闭式创新的公司往往低估了客户拥有的能力，而实行开放式创新的公司其客户则拥有使用产品的第一手经验，他们的反馈将使公司能够关注问题所在。这样可以节省公司发现问题的时间，正确地解决问题，并使客户满意。

（3）开放式创新更有利于适应动态市场需求

通过开放式创新，公司可以获得不同的技能、背景和经验。这将有利于公司更加灵活地适应这个快节奏世界的动态市场需求。这也有助于公司提出他们一开始就想不到的想法。正如亨利·切萨布鲁夫教授所说：“今天有用的知识分布广泛，没有一家公司，无论其多么有能力或规模多么大，能够独立有效地创新。”

（4）开放式创新更有利于获得更多的数据、更好的决策

一个公司的想法越多，其就需要分析越多的数据来做出战略决策。这些决策有助于创造新的产品、服务和收入流。事实证明，数据驱动的业务决策具有成本效益，并能确保所研发的产品独特且以客户为中心，将研发风险降至最低。

当然，开放式创新和封闭式创新并非排斥关系，也不应该互相排斥，而应该相辅相成，相得益彰。

知识链接

知识点 3：开放式创新的四种模式

近年来，开放式创新大受欢迎，收获了越来越多的拥趸。但是，这种创新形式并不像很多人想象中那么完美，失败的案例可能远比成功的要多。为此，找到合适的模式更重要。开放式创新创意思维，如图 5-3 所示。

全球著名的管理咨询公司麦肯锡，调研了总部位于美国和欧洲的数十家大型企业的研发情况，将他们的开放式创新模式归纳为四种。

图 5-3 开放式创新创意思维

模式 1：传统 IP（知识产权）合约

顾名思义，传统 IP 合约模式由一方控制某种特需技术，双方进行合作，而最后的 IP 归属于外部伙伴所有。这种模式已盛行多年，具有非常高的激励效用，但它在沟通渠道、知识共享和获取合作伙伴方面都比较有限。

快时尚巨头 H&M 每年都会推出与大牌设计师的合作系列。从 2004 年起，其先后和范思哲（Versace）、川久保玲（Comme des Garcons）、斯特拉·麦卡特尼（Stella McCartney）、卡尔·拉格斐（Karl Lagerfeld）等顶级设计师推出联名系列。通过这种开放式创新的方式，H&M 打造出品牌的差异化优势，不仅使得产品大卖，还与合作方实现了共赢。

模式 2：开放式创新合作

开放式创新合作模式往往涉及双边合作，通常是在项目复杂、现状和目标不清晰、企业独自推进困难的情况下，通过携手明确的合作伙伴，发挥双方优势进行互补的一种思路。其在沟通渠道和知识共享方面，较传统 IP 合约模式都有很大的提高，但依然属于点对点的合作，在获取外部伙伴方面还比较有限。

当惠普公司要为电影制作开发一种新的渲染技术时，它选择了与梦工厂动画公司（DreamWorks Animation SKG，Inc.）合作。因为惠普认识到，两家公司可以实现资源互补，如能综合双方视角实现技术上的强强联合，很有可能成就重大创新。虽然要解决的问题非常复杂，但惠普深知，答案就在梦工厂的动画技术、数据以及渲染专长中。作为回报，惠普也与梦工厂共享了未来部署服务器与云计算的路线图。

模式 3：开放式创新平台／竞赛

当你明确自己的创新需求，却没有明确的合作伙伴时，也许可以尝试开放式创新平台的模式，通过广泛和充分的覆盖，汇集“长尾端”的边缘性知识，来寻求解决方案。有趣的是，无论是博世技术大赛、三星 ARTIK 竞赛、还是辉瑞技术竞赛，大家不约而同地采取了竞赛的方式。

制药巨头辉瑞希望针对旗下的预充式注射器研发一种技术包装设备，但又不知何处能寻求到最佳解决方案。于是，辉瑞携手某中介平台 IdeaConnection，举办了一场开放式创新大赛，并成功获得了四种备选解决方案。

模式 4：开放式创新社区

开放式创新社区模式（见图 5-4）适用于问题复杂棘手、需多边携手共同解决问题的情况。这种模式的优势在于，获取外部合作伙伴方面覆盖充分、广泛，知识分享相对较强，沟通渠道强且广，但弊端是激励效用较低。

当老牌汽车公司福特想要开发“智能化”移动的解决方案时，它意识到自己要解决的问题不仅十分复杂而且难以界定。由于不知从何处入手，福特借助之前开发的一个开放式社区平台，鼓励核心业务人员积极参与，同时设立了一系列创新比赛，吸引更多开发者加入。得益于该平台，福特汽车的功能得以扩展，实现了自定义应用。

图 5-4 开放式创新社区模式

知识链接

知识点 4：开放式创新模式的选择

总体来说，开放性创新的四种模式在运行的过程中，都可能会遇到一些局限。所以企业不仅要了解它们的各自内涵，还应该知道怎么选择适合自己的开放式创新模式。某集团的开放创新模式，如图 5-5 所示。

图 5-5　某集团的开放创新模式

什么时候采用什么模式，企业应该根据自己的现实状况进行判断，但这里面有两个因素应该重点考虑。

一个是问题复杂度，也就是解决方案所涉及的各项活动、工作和专业技术彼此是不是高度依赖。一般来说，非线性关系会让问题的复杂程度显著增加，如天气预报和交通管理。

另一个是解决方案去哪里找。某些情况下，答案或许就在企业内部，但更多情况下，解决方案存在于企业核心业务之外，甚至是一些毫不相关的领域。

通常，企业采取一种创新模式的同时，也能提升其他模式的效果。甚至在项目层面，不同模式间能互相支持。也就是说，由一种模式主导，其他模式辅助，共同推动项目成功。

礼来制药对于开放式创新药物探索社区的成功运作堪称典范。该社区汇集了多家药企、研究机构和学术界人士，不仅仅以药品开发为目标，也着眼于寻找潜在合作伙伴等长期目标。

开放式创新药物探索计划让礼来制药得以“广撒网”，触及外围的学术组织及其他各方，让公司能够与这些外部研究机构建立密切关系，让外部研究机构与内部科研资源相连接。随着合作关系的深化，公司还可以与最具潜力的合作对象建立双边关系，进一步强化合作。

这样，公司的开放式创新社区（模式 4）就成了开放式创新伙伴关系（模式 2）的有效补充；甚至在部分情况下，对于一些很有前景的潜在合作伙伴，还可以考虑通过许可协议（模式 1）或全面收购的方式，把合作“前景”变成“钱景”。

研究发现，约 60% 的情况下企业会综合运用模式 3 和模式 2，而超过 70% 的情况下企业会同时采用模式 3 与模式 1。

在创新管理上，光有一种积极开放的心态并不够，企业应该对四种基本模式的优劣了然于胸，并且知道何时、采用哪种模式或模式组合才最有效。

要想做出正确的判断，创新项目管理者需要清楚问题的复杂程度以及究竟去哪里寻找解决方案。要想运用好某一种模式，企业需要管理好其相应的风险、IP 所属权、知识共享和激励措施。

企业创新管理者只有站在战略高度，选取最佳创新模式或模式组合，方能做到扬长避短，最大限度地发挥出开放式创新模式的价值。

拓展阅读　更多的企业开始尝试开放式创新

一、宝洁模式：直接取用

为了全球的优秀人才为自己所用，宝洁设置了“外部创新主管”这个职位，还创建了分布在世界各个角落的“创新侦察员”队伍，这个多达70人的队伍每天的工作就是借助复杂的搜索工具查看上亿的网页、全球专利数据库和科学文献，以“大海捞针”的方式找到对公司有利的重大技术突破和专家学者。

宝洁还启动了“技术型企业家”计划，使全球50多万名独立发明家成为宝洁的创新服务提供商。当宝洁提出技术问题时，就可以从世界各地得到建设性的解决方案。当这些发明家有某些重大创新时，也会优先卖给宝洁。宝洁评价创新的标准也从以前的注重产品的性能、专利数量等改为注重可以感知的顾客价值，即必须回答以下问题：“你的创意对人们的生活是否有所改变？消费者现在是不是能做一些他们以前所做不到的而又真正有意义的事情？”

宝洁还确立了一项标准：如果自己的某项专利技术在3年之内没有被公司内的任何部门采用，那么就将其出售给别人，甚至包括竞争对手。

实行开放式创新以来，宝洁的研发生产力提高了近60%，创新成功率提高了两倍多，而创新成本下降了20%。

二、英特尔模式："拿来主义"

英特尔公司并不像我们想象的那样技术领先，它很少进行基础研究，很少拥有速度最快或价格最便宜的处理器。但是，它的处理器的销售额却能够超过其最大竞争对手四倍，多年来一直如此。原因就在于，与任何其他处理器企业相比，英特尔得到更多企业中更多人员的技术支持。它主要通过关注企业外部的学术研究活动和对其他新建企业进行风险投资(即设立"创投基金")保持自己的技术地位。

英特尔在许多大学成立 Lablet 研究所以获得原创技术,并每年花费 1 亿多美元用于资助大学的学术研究,寻求"可能有用"的创意。

英特尔也积极尝试合作创新，如 2006 年 11 月宣布成立"英特尔平台应用创新同盟"，与众多软硬件企业进行合作。英特尔积极鼓励员工进行创新，只有那些善于动脑筋、总结经验和具有创新精神的员工才能立足和晋升。内部技术创新活动要围绕着外部可获得性技术资源进行，而不是与之竞争或是忽略不计。

英特尔努力成为一名最新技术的"快速跟随者",只要有利于自己的产品,就采取"外部技术内部化"的"拿来主义"策略。

三、苹果模式：整合创新

苹果公司的实际研发能力并不强，但整合创新能力超级强大。苹果公司擅长将自己的想法和来自外部的技术结合起来，然后用一流的软件和漂亮的设计进行包装，不单纯依靠自身的创新，而是更善于接受外部的创意。

iPod 音乐播放器的创意就是由苹果公司聘用的一个项目顾问首先提出来的，将现货供应的零件与内部优势结合在一起，如有特色、使用方便的操作控制系统。通过设计，iPod 音乐播放器与苹果的自动点唱软件 iTunes 紧密结合在一起，而这个软件也是苹果从外部购买并经过升级改造而成的。

苹果公司成为一个将各种技术综合在一起的"管弦乐队"，同时不排斥来自外部的创意，并能通过自己的手法将这些技术融合在一起。

四、IBM模式：扶植社区

IBM一直实施的开放式创新模式就是扶植技术社区。在20世纪90年代初期，变革前的IBM在Unix和微软NT视窗的打击下节节败退。它意识到这两种操作系统对企业信息技术（IT）的发展方向具有深远的影响力，而企业IT市场正是IBM安身立命的基础，无法承受失败。于是，IBM开始支持围绕Linux操作系统的技术社区。虽然Linux是一个开放式免费软件系统，IBM无法从中直接盈利，但它知道通过影响Linux系统才会对企业IT的发展方向产生一定程度的掌控力。于是多年来，IBM一直投入大量人力、财力不断完善Linux系统。目前，IBM每年用于Linux系统的开发费用高达1亿美元。在IBM的带领下，围绕Linux的技术开发社区发展状况良好，其他参与企业用于将Linux系统进行各类商业应用的开发费用高达8亿美元。

另外，IBM还大力支持另一个开放式软件Java的技术社区。因为这两种语言的成功都有助于IBM将自身的众多产品和其他相关企业的硬软件产品实现深度整合，并让IBM对企业IT的宏观发展方向具有发言权。其实，所有参与源码开发技术社区的企业遵循的都是这种开放式创新模式。

二 世界咖啡会谈

用“世界咖啡”会谈模式，共创管理新智慧

引导案例

2022 年 6 月 13 日下午，为进一步完善医疗质量管理体系建设，持续提高医疗质量与管理水平，保障医疗安全，福建省泉州市正骨医院举行了一场别开生面的世界咖啡会谈活动（见图 5-6），来自临床各科室的医务人员齐聚一堂，以“手术感染控制”为主题展开头脑风暴。

活动中，各组员围绕手卫生、外来器械管理、保洁质量管理、无菌管理、洁净手术室管理等五个分支主题进行深入讨论，大家各抒己见，氛围浓厚，碰撞出层出不穷的新点子。一名参与的组员表示：“第一次参与世界咖啡会谈活动，感觉很新奇，很有创意，既有独立思考的空间，也有集体讨论的氛围。”

最终，经过五轮热火朝天的轮序激烈讨论，由各组长汇集成员们的智慧结晶进行最终阶段的研讨汇报。

手卫生：首先利用好每年 5 月 5 日世界手卫生日，加强手卫生宣传，营造手卫生氛围，提高手卫生意识。其次强化手卫生相关知识，采用多种方式进行理论培训。

图 5-6　福建省泉州市正骨医院的世界咖啡会谈活动

以及增加手卫生资源投入，完善手卫生设施，从而最大程度提升医务人员的手卫生习惯。

外来器械管理：作为骨科专科医院，随着骨科手术量的剧增，规范外来手术器械的管理，保证医疗质量及医疗安全刻不容缓。手术室与消毒供应中心医务人员应正确评估外来器械的接收、清洗消毒、包装、灭菌与监测、存储、使用、归还、信息追溯等环节，降低外来手术器械使用的感染风险，确保术中患者及医务人员的安全。

保洁质量管理：医院是各类患者密集的场所，病原微生物多，确保保洁质量尤为重要。将PDCA（Plan，Do，Check，Act）循环引入保洁工作，加强保洁员的规范培训管理，对提高保洁质量意义重大。

无菌管理：规范手术过程中的无菌技术操作流程，保障患者健康权益。包括外科手消毒、穿无菌手术衣、戴无菌手套、铺无菌台、传递手术器械、手术区皮肤消毒、手术铺单等。利用好无菌技术，能有效防止病原微生物在医务人员和患者之间的传播，有效预防手术部位感染的发生。

洁净手术室管理：近年来，发展和建设洁净手术室已经成为现代化医院的重要标志，也是确保手术安全的重要趋势。首先科室成立医院感染管理小组，督促落实医院感染管理各项规章制度；其次，认真履行医院感染管理的职责，组织各科室相关医务人员参加洁净手术室管理知识培训，同时做好保洁员、参观者的院感知识宣传教育，预防和控制医院感染事件的发生。

把好医疗质量安全关，筑牢医疗质量安全生命线，是医院管理工作一直以来的重中之重。近年来，该院按照总体部署，陆续开展医疗质量改进项目大比拼、病历书写培训班、病历知识竞赛、护理质量改进交流会、院感防控督导等活动，不断激发医务人员参与医疗质量管理工作的积极性、主动性和创造性，进一步丰富医疗质量内涵建设，通过构建医疗质量管理的长效机制，持续推动医院质量内涵与医疗安全稳步提升。

小组讨论 1

看了上面的案例，你对世界咖啡会谈有什么直观印象？

小组讨论 2

通过案例，你能说出世界咖啡会谈和一般会议的区别吗？

知识链接

知识点 1：什么是世界咖啡会谈

20 世纪 90 年代，美国 CL 管理咨询公司的朱安尼塔·布朗（Juanita Brown）和她的合作者戴维·伊萨克斯（David Isaacs）创造了一种新的会议形式：他们常常组织美国和其他国家的高级行政领导坐在一起，举办创新性的论坛。（见图 5-7）每次论坛的参与者大约有 20 人左右，大家就像平时跟朋友们喝咖啡一样围坐在桌边，针对一些复杂的问题进行交流。所有人都认真聆听并深入思考对方的讲话，充分分享及拓展思维。

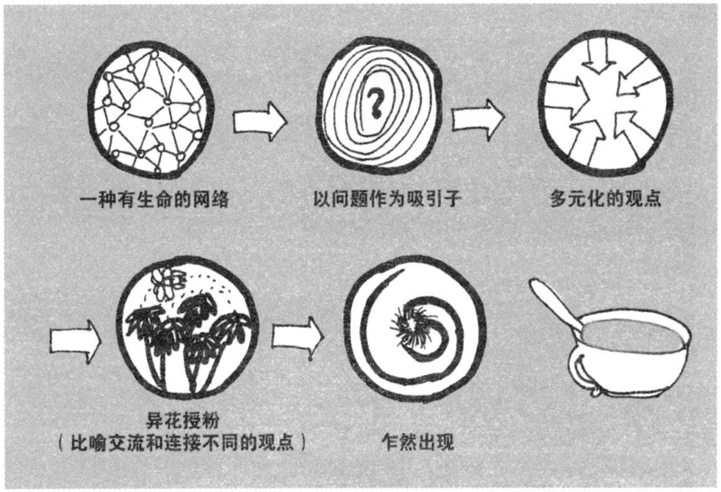

图 5-7 世界咖啡原理

之后，大家又移往另一张咖啡桌，在一个平等放松的环境中，结识新朋友，互相交换不同的想法。所有人都各抒己见，自由交流，碰撞出灵感的火花，创新思维也会随之显现。

这就是世界咖啡会谈的由来。

世界咖啡会谈是一种深度会谈的方式，是产生集体智慧的过程。

知识链接

知识点 2：世界咖啡会谈的设计原则

设定情境	弄清楚会谈开展的目的和涉及的因素
营造友好的环境	确保营造一种热忱欢迎的、心理上感到安全的环境。这会让人感到舒服，也会有助于相互之间的尊重
探索真正重要的问题	把注意力集中在有助于开展合作性会谈的有用的问题上
鼓励每个人积极参与和贡献	邀请参与者们全身心地投入和相互给予，让“我”和“我们”之间的关系变得融洽
交流并连接不同观点	通过扩展视角的多样性和加深联系的密度，运用现存的动态系统发现核心的问题
共同倾听其中的模式、见解和深刻的问题	把注意力集中在实现各种观点的连贯性上，同时不要挫伤个人的积极性
探索真正重要的问题	把注意力集中在有助于开展合作性会谈的有用的问题上
收获与分享集体的智慧	让集体发现得以显现，并共同分享

知识链接

知识点 3：世界咖啡会谈的运作流程

1

聚焦话题

比较适合于探讨有深层意蕴的事情。例如：如何提升企业的创新力？如何发挥人才的潜能？如何提升公司的品牌影响力？等等。不太适合单向信息的传递，以及公布一些事先得出的结论。

2

形成小组

一般是 4 ～ 6 人一组，主持人开场介绍世界咖啡会谈的会议形式、讨论主题和换组规则等。

3

主题研讨

桌长简单地进行自我介绍，并分享自己的主题（时间控制在 5 分钟之内）；

大家思考 3 分钟（独立思考，并将思考内容写在便签纸上）；

每人分享 2 分钟；

集体讨论 5 分钟（质疑、反思、深度会谈）；

桌长总结 2 分钟。

桌长可以在大白纸上用思维导图整理大家的核心观点。组员也可以用便签纸写出自己的核心观点，贴到大白纸上。

4

自由流动

除桌长外，其他人换桌研讨（小组成员不出现在同一桌）。

还是按照第一次会谈的流程，桌长介绍5分钟，把前面的会谈内容给大家介绍下，每人发言2分钟，桌长组织讨论，最后做总结并记录观点。

根据问题和人员的实际情况，可以进行第三轮或者更多轮会谈。

5

前后贯穿

桌长不动，各参与者回到自己的本桌。桌长介绍本桌的研讨成果，桌员补充，承前启后，累积研讨智慧。

6

观点连接

针对大家的讨论成果，进行深入思考后，用思维导图整理成解决方案。

7

分享成果

集体分享研讨成果，系统回顾。每桌的桌长上台去分享小组的成果10分钟左右，解释为什么会产生这种成果，并接受大家的提问。主持人把控好时间和节奏，保证大家顺利地分享成果。

知识链接

知识点 4：世界咖啡会谈所取得的成就

英特尔公司在设计研究芯片的过程中，为了创造性地解决问题，采用世界咖啡会谈的方式，聘用了一群社会学家与人类学家参与新产品的研究开发，不是从技术角度而是从人类需求角度出发，发明了无线上网技术。

日本任天堂游戏机公司，聘用了年轻的电玩高手，参与研究发展。

为了制定一个未来实验室医学愿景以及商讨采取什么措施向着这一目标前进，美国质量学会会员与顾客供给部的负责人海克先生决定以“世界咖啡屋”的形式举办可口可乐全球实验室论坛，邀请了大约 40 位极具创意的高层管理者，取得很大的成功。

宝洁公司是世界上最大的日化产品公司之一，在探讨日化产品十年后的发展趋势时，发现自己公司里缺乏生物化学方面的知识，立刻寻找了数十名生物化学专家进行研讨，以保持自己在日化领域的领导者地位。

世界咖啡会谈帮助惠普打印机部的安全事故发生率整体降低了 33%。

世界咖啡会谈直接或间接地帮助赛诺菲・圣德拉堡制药公司加拿大分公司实现了高速发展，并保持每年两位数的增长率。

课堂演练

地点：可选择教室／会议室／咖啡馆等。

成员：根据学号／兴趣等的不同，每 4 ～ 5 个同学为一组；将全班分成 N 个小组，并选出一名主持人；每桌安排一名桌长。

氛围营造与物品准备：

A. 桌椅的摆放要类似咖啡馆的形式，每桌可围坐 4 ～ 5 个人，不能有人站着。在前方为主持人摆放一张桌子，放置各种所需材料。环境布置尽可能具有艺术性，张贴标语或播放音乐，可以更好地体现氛围。可准备饮料和点心。

B. 每张桌子上至少放 2 张大纸，一个装了彩色马克笔的笔筒，鼓励大家把各种想法用文字或图形表达出来，方便摘记涌现出来的好想法。

C. 要有一面平整的墙面或 2 块及以上的移动白板，以便于张贴海报（如世界咖啡指南，图 5-8 所示）。

D. 其他有助于思考和记录的道具。

主持人的工作：

介绍主题，带领大家进入讨论，回顾讨论内容。

鼓励发言，维持良好的互动气氛。

第一轮尽量每个人都发言，并确认记录者，请其记录重点，第二轮开放补充或深化讨论。在空档期，加入自己的见解，证明自己的存在。

促进小组完成三个回合的重点内容整理。

图 5-8　世界咖啡指南

桌长的工作：
负责引导讨论。
负责上台报告讨论结果。
自己记录或请人记录讨论结果。

参与者的工作：
大方贡献自己的想法。
欣赏、聆听及思考他人的想法。
放下批评，学习反思，思考是否有更多想法可以连接。将想法写到海报纸上。

流程：
A. 第一回合，计时 10 分钟
讨论题目：你认为当今世界的创新趋势是什么？
B. 第二回合，计时 10 分钟
讨论题目：你认为中国未来的创新趋势是什么？
C. 第三回合，计时 10 分钟
讨论题目：你认为“互联网 +”未来会有怎样的发展趋势？
D. 请学员写下此次参与的心得和体会。
E. 桌长总结和分享。

项目六

创新技法（四）——组织执行

一 愿景目标与战略创新

二 商业模式的思考

一　愿景目标与战略创新

小米的成功之道：用互联网思维做手机

引导案例

在小米手机出现之前，手机市场群雄并起，竞争惨烈，然而小米手机一进入市场，便异军突起，一举取得了成功，被誉为“小米模式”。

那么，“小米模式”究竟有什么过人之处呢？

首先是产品的研发和设计。小米进入市场之前，手机行业还属于传统制造业，而小米则采取创新手段，让一个传统的行业接入互联网。不同于传统的机海思维和工程师思维，互联网带来的是精品路线和产品思维。前者从自我出发，通过不断研发新机来满足客户的需求，推出新机的时间间隔短，但实质上的差异很小，浪费大量资源和精力也不一定能够满足绝大多数用户的需求。而后者是从用户需求出发设计产品。正如小米创始人雷军所说：“我们做手机不是说想把什么带给用户，而是用户需要什么，我们把它做出来。”小米建立粉丝社区和小米论坛，数以万计的用户通过微信、微博和论坛提出意见和建议，从而使小米公司根据客户需要不断优化产品，实现产品的更新换代。例如：小米手机的操作系统 MIUI 是首个实现每周升级的手机操作系统，MIUI 团队广泛收集论坛上粉丝的反馈，根据这些反馈来解决错误，实现升级。通过这样的形式，小米能够做出符合大多数用户期待的产品，延缓推出新机的速度。小米一般一年只有一个机型，极大地减少了资源的浪费，将优势资源更多地投入生产，提高硬件配置和产品性价比。而当硬件配置和产品性价比达到一定程度时，产品本身就是最好的营销。

其次是对待用户的态度。小米不仅在产品的研发和设计环节充分听取用户意见，其互联网思维更是在售后方面得到充分体现。传统的商家在卖出手机后发现问题时往往表现出一种消极的态度，希望息事宁人，担心用户要求退还或赔偿等。而小米则将售后看做修正和优化产品的良机，通过售后服务，小米与手机用户增强联系、密切关系。据统计，小米论坛每天新增 12 万个帖子，经过内容的筛选和分类，有实质内容的帖子大约有 8000 条，平均每天每个工程师要回复 150 个帖子。工程师的反馈在每一个帖子后面都会有一个状态，如已收录、正在解决、已解决、已验证，就相当于一个简单版的错误解决系统。用户可以明确地知道自己的建议是哪个工程师在解决、什么时候能解决，这样可以给用户一种极大的心理满足感，使其感到自己受到重视。小米的售后不仅可以优化和修正产品，更可以通过优质的售后服务积累良好的口碑，从而实现口碑营销。

最后是销售模式和营销方式。小米最初抛却了所有的线下销售渠道，全部依托电商进行纯线上销售，打掉了所有中间渠道，实现了从手机厂商到电商仓库，最后直达用户家里的最简销售模式。打掉中间的销售渠道就意味着成本的降低，正如雷军所说："小米是从不打价格战的，一上来就直接卖成本价。"而小米的成本价又因为这种销售模式得到极大的降低，手机的价格优势不言而喻。在营销上，传统观念还是依靠线下发布会灌输式传播。而互联网思维的营销是深入用户中去，如今没有一种推广形式比用户口碑更重要。

在小米手机的营销中，从不采用大规模广告投放，而是更注重与用户的沟通进行口碑营销，扩大自己的粉丝群体，并且借助互联网进行饥饿营销。当庞大的粉丝群体争相抢购新机时，小米的品牌便真正得到了推广。

小 组 讨 论 1

你认为小米手机的主要创新点在哪里？

小 组 讨 论 2

剖析案例，说明小米手机是如何通过战略创新成功创造“小米模式”的？

知识链接

知识点 1：企业的愿景、使命和战略目标

图 6-1 企业愿景概念图

企业愿景，又称企业远景，它是由组织内部的成员所规划，通过团队讨论，获得组织的共识，并且大家愿意全力以赴实现的企业未来的发展方向。（见图 6-1）

企业愿景是企业管理哲学中最核心的内容，是对企业最终期望达成的状态的描述，由企业核心理念、未来展望两部分组成，是企业战略的重要组成部分。对任何一个组织来说，有没有共同愿景，或者说愿景能不能得到员工的认同，是企业领导者领导能力的体现，也是提高企业凝聚力的关键。企业愿景的价值在于指引方向、唤起希望、增进合作、激发力量。

有了共同愿景之后，接着要把它转化成组织的明确使命。使命是企业对自身和社会发展所做出的承诺，是公司存在的理由和依据，是组织存在的原因。

企业使命回答了为谁创造价值以及创造什么样的价值的问题。由于企业的使命一般涉及多方利益，各方利益的主次轻重必须在使命陈述中加以明确。

一般来说，企业使命包括两个方面的内容：企业哲学与企业宗旨。企业使命强调必须把企业经营看作顾客满足的过程，而不是产品生产的过程。所以，在确定企业的生存目的时，应说明企业要满足顾客的某种需求，而不是说明企业要生产某种产品。

在企业使命的引导下，还要设定具体的战略目标。战略目标是企业使命和愿景的具体化，是对企业的经营目的、社会使命的进一步阐明和界定，也是对企业在既定领域开展经营活动所要达到的水平的具体描述（见表 6-1）。

企业目标的主要内容是指导企业资源分配方向、明确工作努力的方向、衡量经营活动成效以及创造良好声誉和品牌形象等。

表 6-1　愿景、使命与战略目标的关系

愿景	使命	战略目标
期望企业发展成什么样子	企业存在的理由	中长期定量的目标
描述一个鼓舞人心的追求	描述一个持久的追求	描述近期可看到的方向
为内外部人员提供指导	为内外部人员提供指导	主要为内部人员提供指导
未来 20 ～ 30 年	当前	未来 3~5 年

知识链接

知识点 2：战略创新

战略创新是指企业依据多变的环境，积极主动地在经营战略、工艺、技术、产品、组织等方面不断进行创新，从而在激烈的竞争中保持独特的优势的战略（见图 6-2）。

善于进行战略创新的企业往往敢于打破行规，改变原有的竞争规则，从而取得成功。

在施乐公司占据复印机市场统治地位的时期，IBM、柯达等公司也曾采用过与其相同或相似的战略与施乐公司争夺市场，但都未能取得成功。一个重要的原因是他们未能发现或创造一个独特的战略地位，而是希望通过“克隆”施乐的战略来争夺施乐的市场份额。佳能公司则采用了完全不同的战略，选择了中小型企业和个人用户作为目标市场，强调不同于施乐的质量和价格利益，通过不断地渗透复印机市场，最终发展成为全球销量最大的市场领先者。

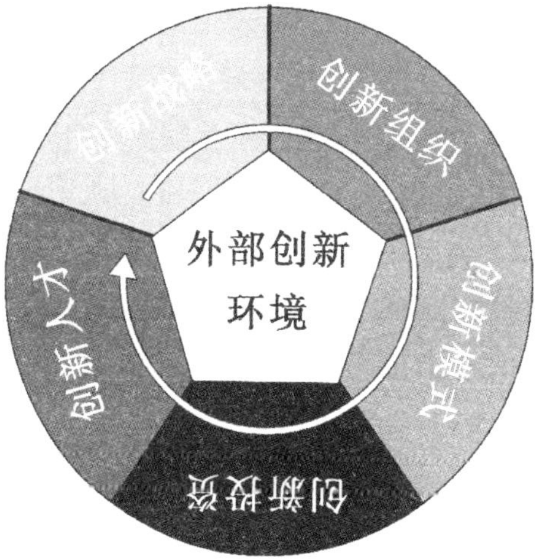

图 6-2　战略创新布局

由此可见，企业的战略创新决定着企业的兴衰成败。

相关研究结果表明，战略创新通常采用以下四种方法。

模式革新：突破传统战略思考方法的束缚，积极尝试新的战略研究方法，设计出风格独特、与竞争对手迥异、令其难以模仿的战略模式。

联盟：制定战略的目的是取得竞争优势，但战略不能囿于竞争。单个企业的能力是有限的，利用竞争对手间的利益相关性和优势互补性，实现双方资源整合，结成战略联盟，形成新的竞争力量。

模式重组：在新的环境中重新研究前人战略模式的合理性，扬弃这些战略模式，引入新思维，并对战略模式进行重组，精心设计自己独特的“战略群”，发挥旧有战略模式的综合效应。

组织创新：战略创新活动涉及的决策大多属于非程序化决策，非程序化决策的基础是知识和信息，而知识和信息是离散化的单元，散布在组织及组织以外。因此，组织创新和决策创新必将带动战略创新。

面对受到信息网络技术深刻影响的全新市场环境，借鉴新的营销理论开展战略研究，革新战略，设计风格独特的战略模式，是战略创新的基本手段和有效手段。

拓展阅读

战略创新：追求价值最大化还是功能最大化?

我们先来看一个成功的案例：

太阳马戏团（Cirque du Soleil），这个创建于 1984 年的团体，从事着已然黯淡的马戏行业。然而，近 40 年间，大约有 7000 万人观看过他们的演出，其团队规模也扩大到来自 50 多个国家的近 4000 人。太阳马戏团如何改变了一个夕阳产业？其创始人兼首席执行官盖·拉利伯特拉过手风琴，踩过高跷，还会吞火。这个执着的民间艺术家保留了马戏行业刺激、冒险又华丽炫目的特点，同时加以重新包装，将这个古老的行业带入现代商业领域。

有别于传统马戏表演是以动物为主，太阳马戏团的演出集中在艺人身上。小丑、大力士、空中飞人轮番上场，在光怪陆离的世界中，讲述一个完整、奇幻的主题故事。他们的表演糅合了街头表演、芭蕾舞、摇滚乐等不同的艺术风格，以一场歌舞剧的形式呈现，连配乐也坚持现场演奏，因而目标客户也从单纯的小孩子延伸到更多的成年人。

这种对所有行业内外竞争要素的重新组合，不但形成了太阳马戏团独特的价值主张，更是其商业模式创新的核心。整体而言，太阳马戏团以剧目的编排和组织为核心竞争力，而非传统马戏团所专精的动物驯养和维护；其竞争手段也从惊险的技能、谐趣的成分，转为对音乐、舞蹈、舞美元素的精致化。通过对传统马戏竞争要素的剔除、减少，并增加、创造新的竞争要素，太阳马戏团描绘出全新的价值曲线，最终改变了马戏行业的规则。

企业如何摆脱血腥竞争的束缚发现蓝海？如何成为行业规则的制定者而非遵循者？从太阳马戏团的案例中我们可以得到启示：要设法在行业边界之外寻找机会，从价值最大化入手而非功能最大化，发现能够代表真正的价值创新的处女地，从而甩开以往的竞争对手，在竞争中立于不败之地。

二　商业模式的思考

为什么色拉布（Snapchat）模式会这么成功？

引导案例

Snapchat（见图 6-3）是欧美国家最火的社交应用之一。据统计，Snapchat 在全球已拥有超 6 亿月活用户和 3.32 亿日活用户，并且日活用户每天在 Snapchat 上花费的时间高达 30 分钟以上。在脸书（Facebook）、照片墙（Instagram）和推特（Twitter）社交网络三大巨头以不同的方式统治社交网络的时候，Snapchat 以“阅后即焚”的全新模式成功地获取了大量的年轻用户（13 ~ 34 岁），实现了所谓蓝海战略。

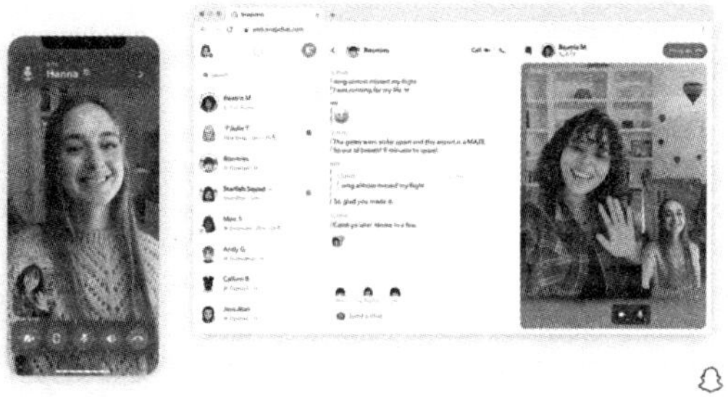

图 6-3　Snapchat 网页版

Snapchat 的成功在于其对年轻人兴趣的准确把握，靠着不走寻常路的新玩法，吸引了自己独特的用户群体，特别是更年轻化的社交群体。

数据显示，在美国 18 ~ 34 岁的成年人当中，41% 的人每天都在使用 Snapchat。这个年龄层次的用户消费潜力巨大、消费需求最高。再放大到所有的 Snapchat 用户，他们的消费能力也在平均水平之上。

Snapchat 的商业模式创新，总的来说是从年轻人感兴趣的事情出发，进一步满足他们的喜好，去开发新的收入来源，其中最直接的两个领域，就是电商和游戏。

如今，Snapchat 在战略上做了一个转型，它正在慢慢地把自己转变成一个电商平台。想尽办法为用户提供“一站式”购物服务。除了电商平台外，Snapchat 还利用虚拟现实和增强现实技术来搭建自己的游戏平台。

小 组 讨 论 1

你认为 Snapchat 模式成功的原因是什么？

小 组 讨 论 2

你还知道其他成功的商业模式吗？请举例说明。

知识链接

知识点 1：什么是商业模式

商业模式是管理学的重要研究对象之一。企业与企业之间、企业与部门之间、企业与顾客之间、企业与渠道之间都存在各种各样的交易关系和连接方式，这种交易关系和连接方式通常被称为商业模式（见图 6-4）。

长期从事商业模式研究和咨询的公司认为，成功的商业模式具有三个特征：

第一，要能提供独特的价值。有时候这个独特的价值可能是新的思想，而更多的时候它往往是产品和服务独特性的组合。这种组合要么可以向客户提供额外的价值，要么使客户能用更低的价格获得同样的利益或者用同样的价格获得更多的利益。

第二，这种商业模式是难以模仿的。企业通过确立自己的与众不同之处，如对客户的悉心照顾、无与伦比的实施能力等，来提高行业的准入门槛，从而保证利润来源不被侵占。比如直销模式，人人都知道其如何运作，也都知道戴尔公司是直销的标杆，但很难复制戴尔的模式，原因在于直销的背后，是一整套完整的、极难复制的资源和生产流程。

第三，成功的商业模式都是脚踏实地的。脚踏实地就是实事求是，就是把商业模式建立在对客户需求的准确理解和把握上。现实中的很多企业，对于自己的钱从何处赚来，为什么客户看中自己企业的产品和服务，都不甚了解。这样不切实际的商业模式，在互联网发展狂热的时候，简直数不胜数，但早已被实践证明是失败的。而只有真正能够接地气、脚踏实地的商业模式才能在竞争中站住脚。

图 6-4 商业模式概念图

知识链接

知识点 2：商业模式设计工具有哪些

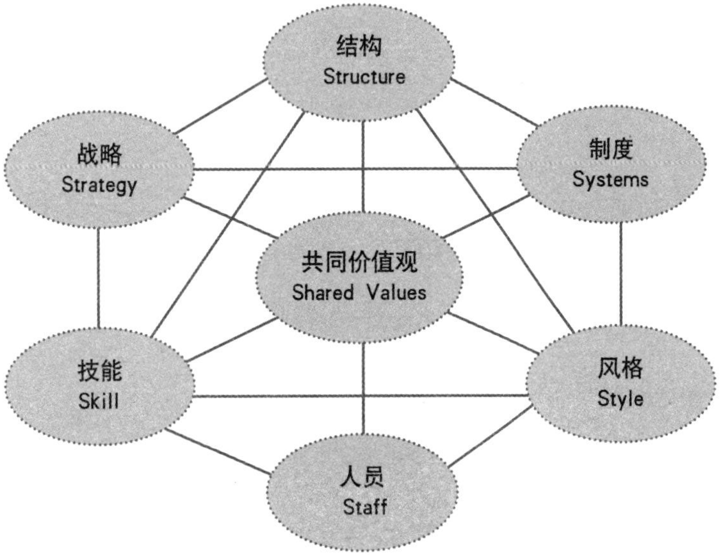

图 6-5 麦肯锡 7S 模型

1. 麦肯锡 7S 模型

麦肯锡 7S 模型（Mckinsey 7S Model，见图 6-5），是麦肯锡顾问公司研究中心设计的企业组织七要素，其指出了企业在发展过程中必须全面地考虑各方面的情况，包括结构（Structure）、制度（Systems）、风格（Style）、人员（Staff）、技能（Skill）、战略（Strategy）、共同价值观（Shared Values）。

在麦肯锡 7S 模型中，战略、结构和制度被认为是企业成功的“硬件”，风格、人员、技能和共同价值观被认为是企业成功经营的“软件”。很多企业长期以来忽略了软件要素，而这些要素都与企业的成败息息相关，是绝不能忽略的。所以，麦肯锡 7S 模型提醒企业的管理者们，不仅要注重“硬件”，更要关注“软件”。只有软、硬件协调共生，才能共同构成一家企业完整的商业模式。

2．魏朱商业模式六要素

魏朱商业模式六要素（见图 6-6）是指魏炜、朱武祥联手推出的原创管理理论。魏炜、朱武祥给商业模式下了一个精辟的定义——商业模式是利益相关者的交易结构，以此建立魏朱六要素商业模式模型，为企业提供了设计优秀商业模式的一套工具和方法论。

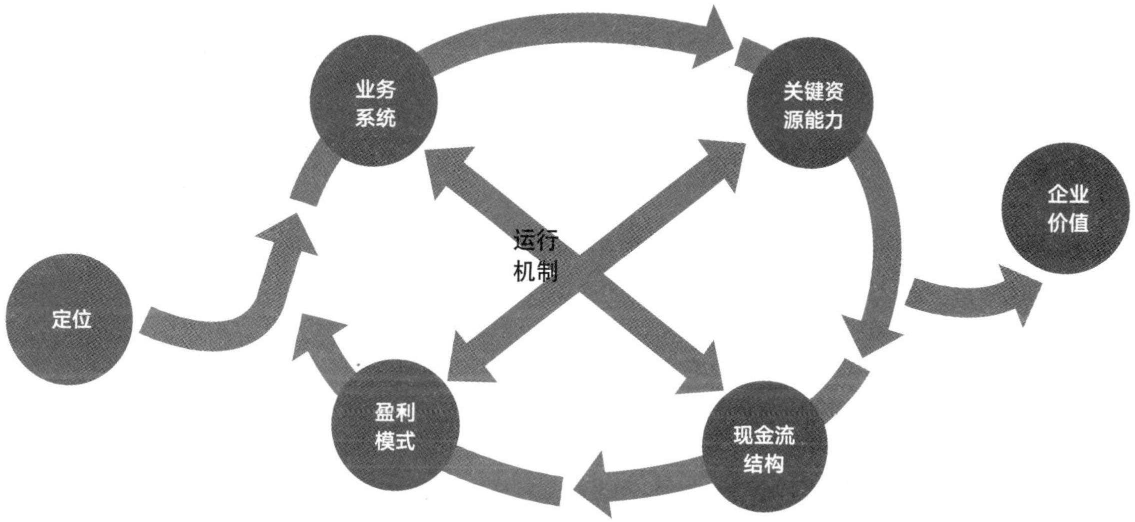

图 6-6 魏朱商业模式六要素

顾名思义，魏朱商业模式六要素主要包括六种要素。

①定位：企业应该做什么，它决定了企业应该提供什么特征的产品和服务来满足客户的需求。定位是企业战略选择的结果，也是商业模式体系中其他有机组成部分的起点。

②业务系统：指企业达成定位所需要的业务环节、各合作伙伴扮演的角色以及利益相关者合作与交易的方式和内容。业务系统是商业模式的核心。

③关键资源能力：让业务系统运转所需要的重要的资源和能力。

④盈利模式：主要指企业的收支来源和收支方式。收支来源即谁给谁钱，收支方式包括固定性质的租金、剩余性质的价差、分成性质的佣金，以及拍卖、顾客定价、组合计价等。

⑤现金流结构：指这个交易结构在时间点上流入、流出的结构、比例和在时间序列上的分布。

⑥企业价值：企业的投资价值，是企业预期未来可以产生的自由现金流的贴现值。

在魏朱六要素模式工具中，定位是商业模式的起点，企业价值是商业模式的归宿，是评判商业模式优劣的标准。企业的定位影响企业的成长空间，业务系统、关键资源能力影响企业的成长能力和效率，再加上盈利模式，就会影响企业的自由现金流结构。

3. 商业画布

商业画布是指一种能够帮助创业者催生创意、降低猜测、确保找对目标用户、合理解决问题的工具。

商业画布不仅能够提供更多灵活多变的计划，而且更容易满足用户的需求。更重要的是，它可以将商业模式中的元素标准化，并强调元素间的相互作用。

商业画布就是通过将日常商业运营过程中的主要活动划分出九大模块，通过对这九大模块的梳理，从而帮助管理者更好地描述出企业如何创造价值、传递价值和获取价值的基本原理，展示了企业创造收入的逻辑，以帮助管理者更加清晰地建立与商业模式有关的各种逻辑关系。

商业画布的九大模块（见表 6-2）覆盖了商业的四个视角：客户、产品或服务、基础设施及财务能力。对整个商业画布来讲，以“价值主张”模块为分隔线，其左侧的四个模块更重视“效率”，其右侧的四个模块更重视“价值”。

表 6-2 商业画布的九大模块

模块	说明	问题
重要伙伴	商业模式有效运作所需的供应商和合作伙伴的网络	谁能帮我
关键业务	为确保商业模式可行，必须要做的最重要的事情	我要做什么
核心资源	商业模式有效运转所必需的最重要因素——核心资产	我是谁，我有什么
价值主张	为特定用户群体创造价值的系列产品和服务	解决什么问题
客户关系	企业与特定细分客户建立的关系形态	怎样和用户打交道
渠道通路	如何接触和与细分客户沟通来传递其价值主张	怎样让用户找到
用户细分	一个企业（产品）想要接触或服务的不同人群或组织	解决谁的问题
成本结构	运营商业模式所引发的所有成本	我要付出什么
收入来源	已经扣除成本的现金收入	我能得到什么

知识链接

知识点 3：如何设计商业模式

商业模式对于任何一家企业而言都非常重要，设计一个适合企业发展的商业模式，对于赢得未来的竞争与发展都极其关键。

1．考虑好九个环节

①定位细分市场。必须清楚地确定企业为谁提供服务？这些群体中谁是企业最重要的客户？不同客户群体的收益有本质区别，不同客户群体需要通过不同的分销渠道来获得产品和服务。

②确定能为客户提供的价值服务。确定企业为特定细分客户创造价值的系列产品和服务。企业向客户传递什么核心价值？能够帮助客户解决什么难题？能够满足客户的哪些需求？

③销售和营销。必须清楚企业通过哪些渠道能接触到客户？哪些渠道成本收益最高？

④构建客户关系。客户关系是指公司同其消费者群体之间所建立的联系，常见客户关系的类型有简单的买卖型、战略合作型、线上线下互动型、社区型、合伙型。企业应根据实际需要，构建良好的客户关系。

⑤收入模式。必须确定如何赚钱？什么样的产品或服务让客户愿意付费？客户如何支付费用？每个收入来源占总收入的比例是多少？持续性如何？

⑥有哪些核心资源。必须清楚知道企业执行其商业模式所需的能力和资格。核心资源有四种类型：实体资产、知识资产、人力资源、金融资产。

⑦确定主营业务。主营业务是指用来确保商业模式正常运行，企业必须做的最重要的事情。

⑧确定合作伙伴。即构建商业模式有效运作所需的供应商与合作伙伴的网络。

⑨设计成本结构。成本结构是指运营一个商业模式所引发的各种费用的总和。需明白：什么是企业商业模式中最重要的固有成本？哪些核心资源花费最多？哪些关键业务花费最多？

一个完整的商业模式设计必须考虑好以上九个环节，每一个环节都至关重要。

2. 注意六个事项

①要根据企业的性质和行业趋势来设计商业模式。不管是传统行业还是新兴行业，都有属于自己的企业性质和行业趋势。设计商业模式的时候，一定要加以注意，不可盲目设计。

②聘请专业领域的专家来设计商业模式。专业的事情要交给专业的人来做，可以聘请领域内的一些专家学者来帮忙设计。

③开展内部头脑风暴。要设计一个好的商业模式，除了聘请外围专家，还可以开展内部的头脑风暴（见图6-7），组织内部管理者们一起来研究和设计，要相信群众的力量是巨大的。

④参考行业内领军者。商业的本质是相同的，设计商业模式时可以参考行业内的领军企业，他们的做法有很多宝贵的经验是值得学习和借鉴的，当然一些失败的案例也会给我们很多启发。

⑤要符合逻辑性，具备可行性。设计商业模式的时候，要将那些不成熟的想法加以具体思考，力争成为相对成熟的思路，最起码要符合逻辑性，具备可行性，这一点很重要。

⑥借助互联网思维和共享思维。不妨借助时下比较流行的一些管理和运作思维，这样设计出来的商业模式会让更多的人接受和认可，自己实施起来也会相对容易一些。

图6-7 开展内部头脑风暴

知识链接

知识点 4：什么是盈利模式

盈利模式是管理学的重要研究对象之一，是指企业在生产经营过程中，把握市场动态，合理配置资源，利用其核心业务、销售渠道、客户关系和竞争优势来创造现金流，实现企业价值最大化的运行机制。

不同盈利模式的主要区别在于核心业务的客户、产品或服务、收入来源、相关活动和竞争优势的不同，而这些都与盈利对象、盈利点、盈利源、盈利杠杆和盈利屏障等要素一一对应。构成要素的差异是产生不同的盈利模式的基础，对盈利模式构成要素进行剖析可以深入研究企业的价值创造过程和获取利润的方式。不同企业的盈利模式，如图 6-8 所示。

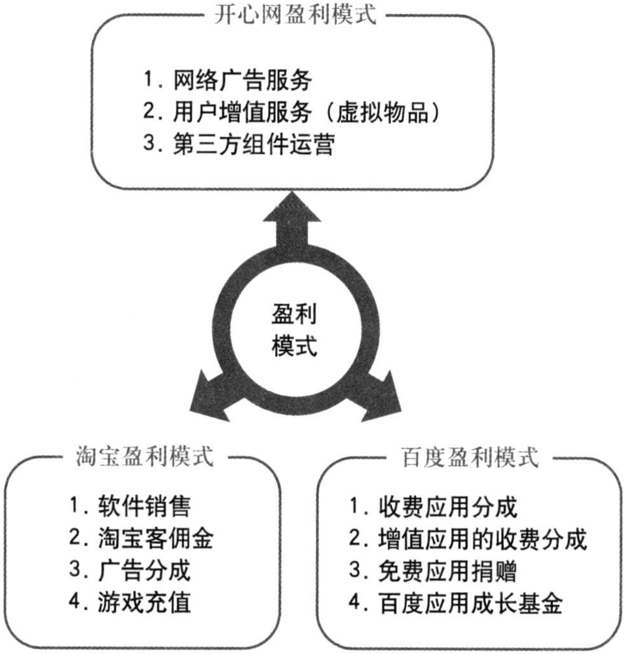

图 6-8　不同企业的盈利模式

盈利模式和商业模式较为相似，皆和企业的运营相关。盈利模式更注重怎样获取企业自身的价值，从盈利的角度引导企业的资源配置；而商业模式是企业进行商业活动的方式，商业模式更注重目标客户，是企业进行价值创造、获取收入的过程，更强调企业给什么样的用户创造什么样的价值。盈利模式实质上是商业模式盈利方面的细化分析，通过对盈利模式的分析，能够清晰地看到公司的盈利来源和未来发展方向。

知识链接 知识点 5：盈利模式的收钱方式

由于企业处在不同的行业、不同的市场环境，自然需要不同的收钱方式；同时，不同企业的战略定位也不尽相同，其所提供的顾客价值也大相径庭，所以每个企业的收钱方式就会千差万别。

1. 利润直接来自客户的收钱方式

这是一种最简单、直接的收钱方式。这种模式思考的路径是这样的：企业为消费者或者客户提供产品与服务，消费者或客户为这种产品与服务进行付费，从这种付费中扣除成本，剩下的就是企业的利润。

中国企业对于这种收钱方式可谓再熟悉不过了，我们的家电业、服装业、食品业、汽车业、房地产等，采用的都是这种依靠直接产品向直接客户获取利润的模式。

收钱方式无所谓优与劣，关键在于要适合不同的市场环境与不同的企业，适合的、有效的，就是好的。但是，在有选择可能的条件下，企业还是应该选择利润点更多、能够多方共赢的收钱方式。在竞争激烈的时代，一个优秀的企业一定要懂得创造更多的盈利点，并实现多方共赢。

2. 利润来自“产品 + 内容”的收钱方式

在产品的基础之上，添加内容或者服务，就能够创造出远远高于纯粹产品带来的利润，这种盈利模式通常被称作“产品 + 内容”的收钱方式。在这种收钱方式下，企业获取利润的对象虽然仍然是直接客户，但是企业

的盈利点却不再仅仅是纯粹的产品本身，而是增加了从内容方面所获得的利润。这样，企业的盈利点由单一的产品赢利变成了“产品＋内容”的双重赢利，这无疑增加了企业的赢利来源。苹果公司的iPod就是采用的“产品＋内容”的收钱方式。

从前，MP3是依靠卖产品来获得利润的。单从产品本身来看，苹果公司的iPod与其他MP3相比，除了外形更时尚、品牌更响之外，它们之间并没有本质的区别。但是，iPod从2001年11月诞生以来，很快成为历史上售出最快的音乐播放器，无疑创造了进入21世纪后第一个商业神话。

iPod凭什么能取得如此辉煌的销售业绩呢？其关键在于将设备和服务（iTunes）联系在一起。消费者买这个设备更多的是要用上面的服务。iPod是第一个把线上音乐与MP3随身听捆绑销售的产品。iPod从诞生之初就有一个观念，音乐与设备本身一样重要。为此，iPod将线上音乐与MP3捆绑在一起，组成“iPod+iTunes”的收钱方式。在“iPod+iTunes”模式之下，iTunse每销售一首歌收费99美分，苹果大概能拿到10美分，其他的65美分付给唱片公司作为版权费用，剩下的25美分作为支付信用卡和其他配送费用。早在2007年，苹果公司就依靠这一收钱方式赚取了2.5亿美元的利润。

3. 利润来自第三方的收钱方式

随着互联网的风行，利润来自第三方的收钱方式逐渐普及开来。我们都知道，很多的互联网企业的收钱方式都是直接客户用最低的价格或不付费的方式购买产品或服务，而企业利润的来源则主要来自相关的第三方。

谷歌网站和百度网站都属于搜索引擎类网站，它们的收钱方式是这样的，普通上网用户在网站上免费享受方便、快捷的搜索服务，谷歌和百度从不直接从使用者身上赚取利润，即向第三方——发布信息的企业或商业主体收取利润。因为大量的上网人群的搜索为谷歌和百度创造了巨大的“注意力”，“注意力”就是价值，从而引得无数企业实体在这两个网站上投放广告。

这种通过跨行业竞合、多元目标顾客和第三方买单的收钱方式，避免了企业与消费者、与合作伙伴之间非输即赢的博弈，避免了多方同时陷入红海，而开创了多方共赢、同赴蓝海的新天地，创造了一个更加宽松的、和谐的企业生态环境。对于第三方来说，看到该种模式下直接客户的巨大磁场，从而展开投资，其风险也相应地被降低了，也获得了一种超值的价值。这样，交易三方都因为收钱方式的创新而获得了更大的价值与参与的积极性，所以，这种收钱方式就具有了强大的生命力。

4. 利润来自“直接客户＋第三方”的收钱方式

这种收钱方式是指企业向直接客户提供产品或服务，赚取一定的利润；同时，它还与跟自己有价值关联的合作伙伴合作，并从这个“第三方”赚取一定的利润。

在游戏机行业，任天堂公司最初的收钱方式就是“主机＋游戏软件”，即依靠卖游戏机和游戏软件赚钱。后来，索尼公司的PS（Play Station）游戏机采用第三方付权利金的收钱方式，并依靠其先进的游戏机本身打败了任天堂游戏机。

任天堂被打败后，不甘于失败，一直在寻找新的市场机会。后来，它发现，索尼游戏机由于一直强调自身产品的先进性，所以导致它的游戏操作越来越复杂，只有“骨灰级玩家”才能使用索尼的游戏机。而这样的玩家只占所有玩家的2%。有了这样的市场洞察之后，任天堂推出“Wii”游戏机，针对那些数量巨大的从5岁到95岁的普通玩家，创造出一种没有复杂操作程序、玩起来简单方便的游戏机产品，并把收钱方式改为“主机＋软件＋权利金”，即“直接客户＋第三方”的收钱方式。

通过对目标人群的重新定位和收钱方式的改变，任天堂“Wii”游戏机大获成功，2006财年的收入和利润实现了翻倍成长，2007财年净利润则达到了20亿美元。到2007年6月，任天堂的市值已是索尼的1.3倍，位列日本十大上市公司。

5. 利润来自“客户自助”的收钱方式

在标准化的生产阶段，价值只是由企业向用户转移，而到了大规模订制阶段，用户有了更多可选择性，由此带来更多满意度，用户实际上参与了价值创造的过程。到了个性化需求阶段，这种用户参与价值创造过程的深度和广度开始变得更加明显，用户甚至直接参与价值的设计过程。

前些年十分红火的十字绣行业,就是一个企业吸引用户亲自参与价值设计并为产品增值的收钱方式。在这个模式下，一些有钱又有闲的女性为了向某个特别的人表达自己的感情，而加入十字绣队伍，从专卖店处取得十字绣品的针线和面料及图案，为这个特别的人亲自缝制礼品。本身就很精美的来自欧美皇室的十字绣，经由这些女性的亲手绣制，就在精美产品的产品价值之上，增添了更多情感性价值，使得这种产品的价值变得更加高昂。

收钱方式还有很多，并不仅限于以上五种。作为企业，要举一反三，运用创造性思维创造出更多的盈利模式。

知识链接

知识点 6：如何设计盈利模式

盈利模式是商业模式中一个非常重要的环节，重在解决如何让企业获利的问题，是商业体系中成本与利润的直接体现。要想设计出一个可持续发展的盈利模式，既要处理好成本与收入的直接关系，又要使商业模式中的各个环节相互匹配。

1. 盈利模式设计需要回答好六个问题

你向谁收钱？（客户是谁的问题）

你拿什么去向别人收钱或你为客户创造了什么价值？（产品服务设计的问题）

你能收多少钱？（市场有多大的问题）

你能收多久？（市场生命周期的问题）

你的成本是多少？（投资成本核算问题）

去除成本你的利润是多少？（投资回报问题）

2. 盈利模式设计需要做好六个方面

一个好的盈利模式是什么样的？根据前面要回答的六个问题，如果在盈利模式里能够做到以下六个方面，那么企业的盈利模式就是好的。

有明确的客户群；

切切实实为客户创造新价值；

市场足够大，有足够多的客户群；

市场生命周期处在成长期而非衰退期；

成本优势，具备相对的价格竞争优势；

高利润保障，具备较高的投资回报。

3．盈利模式设计需要的八大种类选择

①靠产品盈利——以卖得最便宜为根本。市场永远倾向于最便宜的商家，这是最基本的商业规律。比如，日本的优衣库、瑞典的宜家、美国的沃尔玛……各个老板都是巨富。一旦确定企业的主要盈利方式来自产品，从某种程度上说，就是比谁卖得更便宜。比如现在国内的券商竞争，在费率几乎完全透明、服务趋向同质化的时代，如果想硬性争取市场份额，那低佣策略是不二之选。

②靠品牌盈利——持续不断地提高品牌的附加价值，想尽办法卖得更贵。比如，路易·威登（LV）、古驰（GUCCI）、爱马仕（Hermès）……类似的品牌很多。基本上可以理解为，买品牌送一个产品，买的是情怀、情感、精神。往往这样的品牌需要有很强的品牌无形资产做“护城河”，需要时间和庞大的市场预算做铺垫。

③靠模式盈利——隐形盈利，把看得见的钱都分出去，赚背后看不见的钱。目前的互联网公司大多是这个套路，基本上对原本的主业免费，先抓住流量，形成垄断后，再通过后端收费来进行补偿。比如，在所有杀毒软件都收费的情况下，突然杀出来一个永久免费的360，但通过广告商投广告来收费。再比如，在所有手机比谁配置好、卖得贵的时候，突然杀出来一个小米，以接近成本价售卖。但它垄断的是流量，在后端不断收费。买回家一台很便宜的小米电视，会发现每

个想看的电影都需要额外收费，这就是隐形盈利。目前的互联网券商也大多是这个套路，即先赚流量再求利。

④靠系统盈利——把该花钱的部分让别人去干，但赚的钱都在我手里。比如，很多厂商在一开始就会去掉所有固定成本，能外包的外包掉，只在自己家贴牌组装，但高利润的部分全都在自己手里。很多科技厂商包括苹果就是采取的这种盈利策略。他们不会花高额的价格投资厂房等固定设施，而是靠整合产业链系统盈利。

⑤靠资源盈利——“垄断”盈利。对上游，进行资源垄断。对下游，进行渠道垄断。对互联网，进行用户垄断。比如，搜索引擎界的百度、社交软件界的腾讯、电商界的阿里、白酒界的茅台等，大多依靠的是这种盈利模式。

⑥靠“收租”盈利——专利盈利。这里的专利主要包括技术、版权、电影、歌曲、图片等。收租盈利是一种很高端的盈利方式，因为它完全被动化。

⑦靠金融盈利——人们常说的“以钱生钱”。很多大型集团通过平台自身来运营资金，让资金在个人、平台、企业之间进行高效率流动，形成一个流动生态圈，实现支付、贷款、理财、保险、证券、征信、基金、众筹等业务。比如，以百度、阿里、腾讯为代表的互联网公司结合自身的优势，逐步将金融深度植入各类生活场景中，如百度的流量延伸、腾讯的社交金融、阿里的长尾用户……这些产品在提升用户体验的同时，也在不断地构筑各家互联网企业的闭环生态系统。在“跑马圈地”的过程中，各家大企业不仅迅速抢占牌照资源、流量资源，也注重在相关领域与传统金融机构展开小战略合作，如百度与中信银行成立百信银行，腾讯与阿里巴巴、平安集团联合成立首家互联网保险公司——众安在线。在巩固各自优势的同时，也打造出了自身强大的盈利模式。

⑧靠生态盈利——让你生活的方方面面、花的每笔钱都和我有关。这是大多数互联网公司使用的招数。比如腾讯，微信里既能发短信，又能打视频电话，还能玩游戏、打车、存钱、购物……有了生态系统，就不怕没钱赚。

以上八大盈利模式既可以单独使用也可以综合使用。总之，设计盈利模式没有一定之规，合适的就是最好的。

课堂演练

小红书是深受年轻人特别是年轻女性喜爱的内容电商平台。请根据小红书商业模式画布和小红书商业模式画布分析范文，并自行查找相关资料，试着分析小红书的盈利模式。

1. 小红书商业模式画布

小红书商业模式画布，如图 6-10 所示。

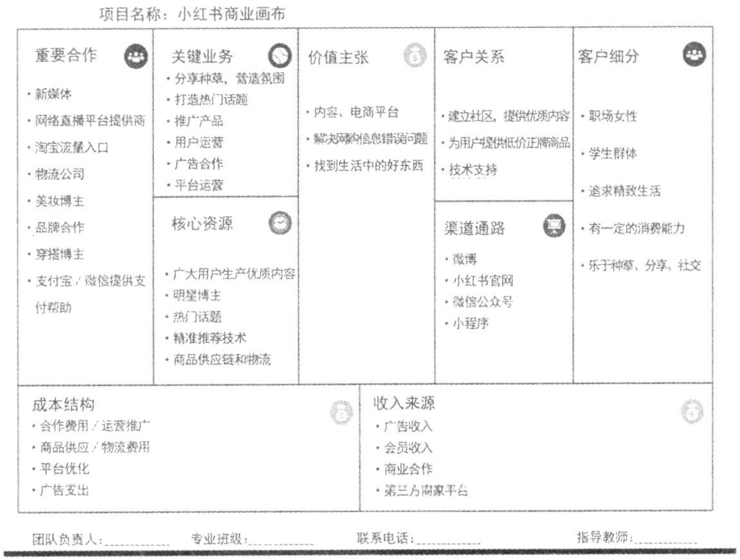

图 6-10 小红书商业模式画布

2. 小红书商业模式画布分析范文

一、企业介绍（略）

二、商业模式画布分析

1. 客户细分

和大多数电商平台一样，小红书 App 所针对的用户类型主要是 80 后、85 后、90 后等具有一定消费购买力的年轻人。这类消费群体有四大特点：一是购买力强；二是愿意花时间做攻略，往往会对比多种同类产品再进行购买；三是愿意为了购买某一商品不惜代价，国内无法购买到的商品，他们愿意出国、找代购或者海淘购买；四是乐于分享，商品使用过后，他们也愿意与人分享产品的使用心得。小红书 App 正是把这样的群体聚集在一起，打造出了一个以购物、社交为主的内容电商平台。

2. 价值主张

小红书的价值主张随着企业的发展慢慢发生了变化。2014 年，仅仅作为境外购物攻略平台，小红书的口号是“找到国外的好东西”，2015 年变成了“全世界的好东西”，2016 年变为“全世界的好生活”，2018 年改为现在的“标记我的生活”。口号的转变反映出小红书的定位变化，从跨境电商逐步变成内容电商，鼓励用户分享值得买的好物，变成生活方式和消费攻略平台。目前，越来越多的用户在遇到购物、旅游问题时，都会在小红书上进行搜索，查看测评和经验分享。

3. 渠道通路

不同于其他跨境电商有网页版页面，小红书以手机 App 作为其渠道通路，最开始小红书的用户有一大部分源于微信、微博、浏览器推荐，后来随着已有用户黏性增强，吸引了一大批同类消费者。之后小红书又与品牌方、明星、网红、关键意见领袖（Key Opinion Leader，KOL）达成合作，邀请他们入驻。通过明星效应，吸引用户，打造社群，再用社群绑定用户，在构建成生活方式和消费攻略平台之后，再成立“福利社”，形成 App 内种草、购物、分享、再种草的商业闭环。

4. 客户关系

对同类产品的强互动吸引了小红书的用户，在自媒体大背景下，建立起一个活跃的消费分享社区——UGC（User Generated Content，用户创造内容）是小红书客户关系的核心。依托于UGC，每一个用户都是品牌的宣传者，用户也从最开始的围观者变成粉丝，再从粉丝变成内容的创作者，最后变成消费者。后期，小红书从单一的UGC模式逐步转变为UGC+PGC（Professionally Generated Content，专业生产内容）+BGC（Brand Generated Content，品牌生产内容）。小红书引入了很多优质商家、明星和KOL入驻，用户参与度的逐步提升，使小红书建立起强大的用户黏性，最终通过社群抵达用户，实现了针对性营销。

5. 收入来源

小红书的收入主要源于广告和电商，作为用户非常活跃的平台电商，小红书引入了多种彩妆、服饰、母婴品牌入驻，在App内搜索时，经常会出现很多广告，广告费成为小红书收入的重要来源。电商也是小红书盈利的核心，“福利社”内销售美妆、食品、护肤品等多种产品，产品销售收入也颇为可观。

6. 核心资源

平台内的用户是小红书的核心资源，用户的参与实现了UGC，平台用户本身成为内容的创作者，在这个模式下，每个用户自己可以创造内容，分享自己真实的用户体验，用户之间互相“种草”“拔草”，使得小红书的用户活跃度非常高，带动App本身的商业价值也越来越高。

海外直采加自营的模式也是小红书的核心资源，小红书打造了自己的三大仓库：保税仓库、国内仓库和海外仓库。福利社所销售的商品都由小红书自己在海外直接采购，自营销售。这一模式在消费者心中建立了品牌信用背书，在保证商品品质的基础上，最大化降低了产品的价格，为用户带来了更好的消费体验。

7. 关键业务

小红书的关键业务包括平台运营、用户和内容运营以及广告推广，小红书 App 目前已经有超过 1 亿活跃用户，企业需要持续进行系统的开发维护，为用户提供稳定的分享环境。广告合作、招商推广也是小红书的一大关键业务，用户将笔记上传到平台后，系统根据笔记和用户的搜索、浏览记录，智能推送相关的笔记，并在笔记中发布相关产品的购买链接，形成内容分享和产品购买的闭环。

8. 重要合作

小红书的重要合作伙伴主要是各大美妆品牌和平台内的 KOL。虽然小红书是以 UGC 为主的内容平台，现在也渐渐多了很多 PGC 和 BGC 的内容，在平台内，品牌可以运营与品牌相关的内容，加深了品牌与平台和用户的合作。此外，2019 年 5 月，小红书发布了“品牌合作人平台升级说明”，提高了官方品牌合作人的门槛，KOL 数量由原来的 2 万多减至 5 千多，并要求 KOL 签约小红书认证的多频道网络平台（Multi-Channel Network，MCN）。这样一来，小红书与品牌和 KOL 的合作将更趋于良性，留下的 KOL 更具有影响力，品牌也更能够提升其在消费者心中的形象，平台会打造更加健康的内容生态。

9. 成本结构

小红书的成本来自三个方面。一是营销费用。小红书需要花费一定的成本到其他平台引流，另外还要与品牌方、明星、网红、KOL 达成合作，邀请他们入驻平台，以此来提高用户的数量和活跃度。二是商城运营费用。小红书需要与各大品牌商或者大型经销商建立销售关系，实现商品的海外直采，在各大仓库进行备货，另外还需要搭建自己的供应链和急速的物流配送体系，整个福利社跨境自营电商模式的运营需要费用。三是科技研发投入。小红书作为科技型企业，App 的研发、线上商城的搭建、售后维护的费用占据成本的很大部分。

三、结语

小红书作为一个用户活跃度极高的“种草”内容电商平台，建立起了一个属于平台本身的内容生态，用户在小红书查找购物攻略，在平台自有电商下单，下单后在个人主页内分享，形成“种草”——“拔草”——“分享”的商业闭环。为了提高用户活跃度，小红书在以下几个方面做出了努力：

1. 目标用户准确地定位在年轻女性，专注于美妆、个护领域

小红书通过UGC的模式完成了大量原创内容的积累，打造成跨境美妆、个护领域的第一内容电商，用户有购物需求第一时间就会在小红书内搜索、做攻略。这一定位保证了平台在用户互动的基础上，有持续的热度和活跃度。

2. 引入PGC和BGC

随着用户量的增加，原有的UGC内容无法满足用户的需求，引入PGC+BGC后，平台内容变得更加丰富和多元，内容质量也更加优质和具有影响力。一方面，用户可以在第一时间获得品牌资讯，直接与品牌互动；另一方面，品牌可以拉近与用户之间的距离，了解消费者的需求。

3. 销售高品质的商品

小红书基于用户内容，选择了多种口碑好物，建立品牌合作，在自营平台出售，解决了用户“不知道去哪里购买”的问题，真正实现了从内容到销售的一体化经营。为了保证商品品质，小红书采用自营保税仓的模式，不仅避免了假货的流通，也缩短了海外商品进入国内市场的流程和时间，而且还减少了产品供应周期，并降低了产品采购成本。

正是独特的内容运营模式为小红书带来了用户和流量，以及自营保税仓保证了产品的质量，使得小红书不但在竞争激烈的电商中异军突起，而且还入选了“2019福布斯中国最具创新力企业榜”。

项目七

创新创业团队的组建

晶体管的发明

引导案例

环顾一下我们的办公室和家里，你会发现到处都有由晶体管（见图7-1）制成的产品。没有晶体管，就没有半导体。“没有半导体，所有电子产品都将瘫痪，全球经济也会因此崩溃。”有识之士如是说。

晶体管是既能放大电子信号，又能打开或关闭电子信号的装置。在晶体管发明之前，这些功能是由体积大、发热高、稳定性差的真空管实现的。例如，高速计算机ENIAC就使用了17000多个真空管。工程师们一直都在寻找可以替代真空管的东西，可惜经过无数次的试验，始终未能实现。很显然，这样庞大而高难度的工程不是一两个人就能完成的。在这种情况下，一支创新团队组成了。

美国人威廉·肖克利（William Shockley）、约翰·巴丁（John Bardeen）和沃尔特·布拉顿（Walter Brattain）都是贝尔电话实验室的科学家，再加上其他一些物理学家，他们共同组成了一支名为“项目研究小组”的团队，目的就是找到真空管的替代品。

团队组成后，大家配合默契，相互促进。但是，团队中并不是任何事情都是完美的。布拉顿是出了名的难以相处的人，他时不时就会抱怨别人心术不正，只为出名。但是团队中的其他人不予计较，而且团队领导者也管理有方，总能将负面影响降到最低。

1956年，在团队成员的通力合作下，终于发明了晶体管并获得了诺贝尔物理学奖。由于晶体管替代了真空管，计算机的体积变得更小了，功能也更强大了。

图7-1 晶体管

小组讨论 1

你认为晶体管的发明说了什么？

小组讨论 2

一个团队要成功，你认为最重要的因素是什么？

知识链接

知识点 1：创新团队的组织形式

一滴水只有放进大海才永远不会干涸，一个人只有融进团队才能获得成功，对于企业创新来说也是如此。创新团队的组织形式有很多，常见的主要有职能团队、轻量级团队、重量级团队（见图 7-2—图 7-4）。

图 7-2　职能团队

创新项目的成员主要由同一职能部门的人员组成，团队领导为本职能部门领导。

创新团队 = 部门员工 + 部门领导

图 7-3　轻量级团队

有关职能部门会指定一个部门负责人作为本部门的代表与创新团队联系，以利于沟通和提供支持。

创新团队 = 一个部门负责人 + 一个创新团队

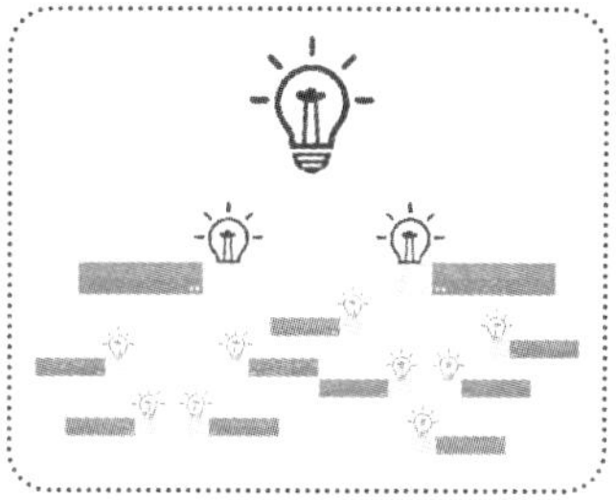

图 7-4　重量级团队

负责人是企业的高层管理者，创新团队由团队负责人而不是职能部门的负责人领导，适合于突破性创新。

创新团队 =N 个部门负责人

创新团队的组织形式比较，见表 7-1。

表 7-1 创新团队的组织形式比较

比较项目	创新团队组织形式		
	职能团队	轻量级团队	重量级团队
构成及领导	创新项目的成员主要由同一职能部门的人员组成，团队领导为本职能部门领导	有关职能部门会指定一个部门负责人作为本部门的代表与创新团队联系	负责人是企业的高层管理者，创新团队由团队负责人而不是职能部门的负责人领导
优点	深厚的专业知识，易于协调和考核	部门间沟通、协调有一定改善	高层领导总负责，容易获得更好的协调和支持
缺点	与其他部门之间协调难度大	团队负责人地位不高，影响力有限	职能部门的作用和责任心被弱化

知识链接

知识点 2：打造高效创新团队的方式

对创新团队进行管理已日益成为企业管理层面临的一个挑战，也是对其能力的检验。那么，如何有效地打造高效的创新团队呢？

1. 找一群“会讲故事”的人

现在很多企业都会专门设立一个创新或创意部门，成员多为专业从事创新的人士，其目的是帮企业想出更好的点子。但事实上这样并不见得成效显著，一个好的创新团队，其成员可以来自企业的各个部门，只要他们是“会讲故事”的人。

产生新创意、脑洞大开从来不会是某些人的专长，只要一个人的想法足够新颖且符合实际，那么这个人就是那个“会讲故事”的人，分享他（她）的想法对整个团队乃至于整个企业都是有益的。

2. 打破层级交流隔阂，集思广益

大部分的企业等级分明，员工与员工之间即使在相同的职位上也较少交流，这样的团队难以激发团队的思考与创新能力，如果可以打破层级、等级间的隔阂，大家坐在会议室里集思广益，分享、交流自己的想法，这样的气氛更利于创新。

此外，还可以设立一个“建议日”，将大家的意见都收集起来，集中在一天公开讨论，而话题也无须多想，只需讨论如何将企业变得更好。经过讨论，挑选出一个可试行的方案，在企业中进行推广。

3. 尽快试错，分享失败

一个项目不可能只准备一套可行方案，一个富有效率的团队应当为一个项目多准备几套方案，哪怕有的方案听起来完成度不高。但其关键点在于：不要害怕试错。一套方案失败了，那就在最短的时间内实行下一套方案。在失败后停下来不停地反思，是极其浪费时间的做法。

但这并不代表无须反思错误。应待项目结束后，再由负责的领导者带头公开分析错误的原因。这样做能让整个企业都处于一种“愿意表达意见”的良好氛围之中，大家都会愿意表达自己的意见和建议，畅所欲言，有利于避免再犯同样的错误。

4. 提出建设性的批评意见

当一套方案呈现在你面前时，你肯定会有想法，如“这个方案行不通”“这个方案很无聊”“这个方案没有打动我”等。但这些意见真的有意义吗？或者说，你真的会提意见吗？

所以，请直接提出你的意见——意思是，并非要你给出你的直观感受，至少你需要简单分析一下它存在的问题、隐患、困难，提出建设性的批评意见。这样做不仅能让大家快速找到问题所在，节省时间成本，还可以鼓励大家继续提出新创意。

5. 确保最高决策权

在项目中参与的人越多，越难以保证不会出岔子。当大家纷纷表达自己的想法和意见的时候，尽管这是一件好事情，但作为创新团队的领导者，并不能因之接纳所有人的想法，而应掌握最高决策权，根据自己的判断决定最后的行使方案。

拓展阅读

创新型领导者的五大特质

一、开放的思想

由于信息的快速变化和指数级增长，企业领导者必须意识到过去行之有效的解决方案已经不再适用，并展现出清晰的愿景以了解现在的形势。胸襟开阔是创新领导力的重要特征。创新型领导者应具有超前的思维能力，能够预测趋势，管理未来和现在，感知整体情况，并在崭新的领域中展现并运用创造力。

创新型领导者必须在正确的时机以探索的心态抓住巨大的机会。创新型领导者可以激发创造力，鼓励员工创新，展现适当的风险偏好，并具备高超的知识以推动想法向前发展。

创新型领导者也应是实验主义者，他们可以尝试新事物，挖掘替代方案，对干预措施做出假设，并对其进行迭代直到合适为止。他们能够确定关键的杠杆点，在这些杠杆点上可以产生巨大的影响力来传播创新思维。即使创新失败，他们也会从中学习成长，为将来推出更好的产品或服务打下基础。

二、足智多谋

创新领导力本质上取决于领导者的多维综合能力，能制定创造性的解决方案来解决问题，面对意外和突发情况也能显示出极强的灵活性。我们生活在信息丰富的时代，创新型领导者如何熟练地在波涛汹涌的信息大海中畅游，将决定他们的领导效力、创新性和成熟度。

随着信息的指数级增长和知识生命周期的缩短，即使是经验丰富的领导人也承认未来存在太多的变数。足智多谋的创新型领导者具有学习、知道如何学习和变得敏捷的能力。

三、好奇心

当今时代是一个不断变化的时代。创新型领导者保持好奇心能使他们更容易提出正确的问题，接受他人的观点，善于理解他人，并在没有偏见的情况下进行领导。

有好奇心的领导者不仅要问“为什么”来诊断问题的根本原因，而且要问“为什么不”“如果我们以新方式做事该怎么办”或“我怎样才能使事情变得更好”，以激发创造力，然后遵循这些问题带来的启示，踏上前进的道路。

四、适应性

创新领导力足够灵活，才可以适应形势。创新型领导者具有灵活性和适应性，才会综合运用多方面的领导技能，知道何时以及如何使用和发展其领导者的技能。

在每种业务环境中，具备适应性的创新型领导者才会对未来的变化始终保持敏感性，也因之愿意冒险、打破规则、挑战极限、超越期望，从而带领团队成功创新。

五、技能多样

创新型领导者应当具备多样技能，才能更好地拥有权威，领导团队。

预见技能：对经常不断变化的内外部环境能深谋远虑。

诱导技能：运用说服力和榜样的作用，诱导下属按照领导者或组织的意图行事。

统合技能：把员工在经济、安全、心理、精神等方面的需求统合起来，使大家有共同的动机、价值观和目标。

授权技能：乐意并且有效地与下属分享权力。

自知或反省技能：既明了自己的需求与目标，也了解下属的需求与目标。

课堂演练

做下面两个测试，看看自己在创新团队里属于哪种类型的人才？

1. 看见一朵花，你会怎么描述它？

根据收集信息方式的不同，可以把人分为两种类型：实感（S）型和直觉（N）型，如图 7-5 所示。S 型的人倾向于用视觉、听觉、触觉、嗅觉和味觉来收集信息；N 型的人会超越现实或具体的物件关注意义、关联和关系。因此，对同一朵花，S 型和 N 型的人的关注点大相径庭。

图 7-5

2. 去旅行之前，你会做哪些计划？

同样，根据对外在世界的态度以及如何安排周边环境的不同，可以把人分为判断（J）型和认知（P）型，如图 7-6 所示。J 型的人喜欢做计划，希望外在世界是组织化和有秩序的；P 型的人喜欢亲身参与这个世界，而不是把它组织起来进行观察。

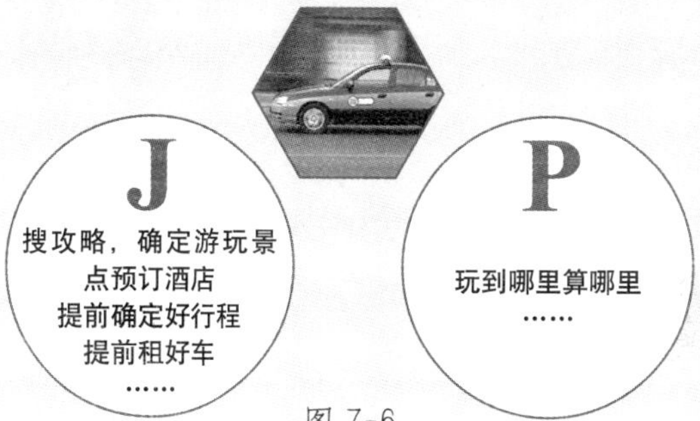

图 7-6

如果你属于 NP 型的人，那么恭喜你，你是最受创新团队欢迎的类型：脑洞大开的创新型人才。这类型的人最具创新能力，适合做从 0 ～ 1 的独创型创新。但是创新团队只需要 P 型人才吗？当然不是，四个类型的员工各有特点，他们必须分工协作，才能组成一个完美的创新团队。

	J（判断型）	P（认知型）
S（实感型）	SJ 型：喜欢总结过去的成功经验与失败教训，能关注矛盾点，避免重复犯错	SP 型：喜欢仔细检查现状来获取信息，喜欢投入行动及参与讨论
N（直觉型）	NJ 型：关注模式与规律，形成自己的假设，喜欢综合各种信息，形成结果	NP 型：将“是什么”和“可能是什么”联系起来，能提出很多可能性以供进一步探索

我们把创新分为四个阶段：定义问题、生成方案、筛选决策、执行。四个阶段正好对应以上四个类型的员工，如果你是这个团队的领导，你觉得谁适合收集信息，找出问题？谁适合想办法，针对问题提出方案？谁适合筛选决策，找出最佳方案？谁适合执行方案？

项目八

发现与发掘创业机会

引导案例

方便面的发明趣事

1959年，安藤百福经营着自家的一间小食品作坊。他每天都要乘坐电车，看到许多人在车站旁的饭馆前排队，等着吃热面条。有一天他突然灵机一动：如果能生产一种“只用开水一冲就可以吃”的面条，估计居家旅行者都会愿意大量购买。于是，他毅然确定了开发“方便面条”的发明课题。

安藤百福马上投入发明试验。他买来一个轧面机，在众人的怀疑下开始了方便面条的创新。

为了实现“方便、简易”，他想到“油炸”的方式，这样，可以很快就把面条炸干，便于贮存。面条在油炸后自然会出现很多细孔，这些细孔在热水浸泡时起到吸水作用，可以使方便面很快变软，油炸后的面条味道还会更好。在这期间，他还发明了添加调味料的方法，使自己的方便面味道鲜美、可口。

经过长达3年的苦心钻研，安藤百福终于研制成功了“鸡肉方便面”。1962年，安藤百福的日清公司获得了制造方便面技术的专利权，方便面开始打入市场。这种新奇的商品很快赢得了部分顾客的青睐。

经过几年的发展，安藤百福的方便面销售额在逐渐增长。此时，公司的市场研究部门提出，在方便面的消费群体开发方面，应当着重外出旅行人员。为了拓展这一部分市场，日清公司于1971年又研制了碗装方便面(见图8-1)。

图8-1 日清碗装方便面

小组讨论 1

安藤百福的成功给你什么样的启发？

小组讨论 2

如果毕业后你也准备创业，你觉得你的创业机会在哪里？

知识链接

知识点 1：识别创业机会

创业机会是创业的起点，创业过程就是围绕着创业机会进行识别、开发和利用的。有了创业决心，首先要寻找创业机会。创业机会不会从天上来，它需要创业者具备必要的识别能力。

有位农民孙某，有一年到北京找工作，一次，孙某与几个老乡上街时，途经一个市场，口渴难耐，想买一些水果吃，可那些水果高昂的价格令他望而止步了。忽然，他看到一堆枣，那是他家乡的大枣。孙某知道那枣在家乡卖得挺便宜的，只有 6 角钱一斤，于是他决定买一斤解解渴，一问价格，结果令他大吃一惊：3 元 5 角一斤？“这么贵呀，你们赚得太黑心了！”同行的一位老乡说。

说者无意，听者有心，孙某想，一斤大枣一来一往价格相差这么大，该多有赚头呀！于是，孙某立即返回家乡，凭着老乡的关系，赊了 3 吨大枣，搭了一辆车送到北京。孙某来到丰台区的一家大市场，将大枣以 2 元 9 角的价格批发给小贩们，这鲜红的带着露珠的大枣顿时被抢购一空。此后一个月内，孙某往返北京与山东达五六次。半年后，有了一定的积蓄，他不仅经营大枣，还开始经营山东的其他土特产。随着生意一步步扩大，一步步红火，如今他已是闻名京城的山东土特产经销商，拥有资产上千万元。

识别创业机会的常见方法如下。

①从社会热点产业和热点现象中识别创业机会。一定的社会发展阶段必然会产生一定的社会热点产业和社会热点现象。社会热点可分为社会时尚和社会趋势两个方面。创业者如果关注社会热点产业和社会热点发展趋势，就能赶上时代发展的大潮，掌握了创业的主动权。我国目前有许多具有良好发展趋势的社会热点现象，如绿色健康食品、网络游戏、电子商务等。此外还有单亲家庭问题、城市扩大与农民转入城市问题、农民工子女教育与留守儿童问题、大学生就业问题、疾病问题、出国留学与旅游问题等。它们因其具有的热度聚集了庞大的人群，有着极大的市场需求空间。根据他们的需求去确定创业项目就容易赢得市场群体的支持和拥护，创业的机会自然就会大一些。

②从行业竞争状况中识别创业机会。企业竞争是绝对的，而竞争程度的大小却是相对的。有的行业竞争激烈，生存环境很难；有的行业竞争缓和，生存环境优良。在同一个行业中，生产相同或相似产品的企业越多，竞争越激烈，因为每一个企业为了在有限的市场中占有更大的份额，获取更多的利润，必然会在价格、质量、服务等方面与对手展开激烈的竞争，从而使整个行业的利润水平随之下降，如中国的家电行业。在这样的行业中创业机会就少一些，创业的难度也大一些。

③从行业的发展速度中识别创业机会。一个行业在其寿命周期的不同阶段发展的速度是不同的。当行业处于发展期时，发展速度快，市场空间大，有利于创业。当行业处于幼稚期或成熟期，则发展速度慢。但在幼稚期创业虽很艰难，未来却很有希望；而在成熟期则竞争激烈，创业空间狭小，不利于创业。

④从新加入者的威胁分析中寻找创业机会。成为一个行业的新加入者自然会提高该行业的竞争水平，因而同行往往会为减少竞争的威胁而对新加入者设置一些障碍或要求。一是规模经济与技术要求。它迫使新加入者必须以较大的生产规模进入新的行业，并准备承受现有企业强烈的反击风险，迫使新加入者望而却步。如现在的钢铁、造船、汽车等制造行业中，技术要求和行业标准要求都非常高。反之在以商业、服务为代表的第三产业中，却没有那么高的行业严格要求，这对大学生创业者来说就容易得多。二是产品的差异化和资金的需求方面。创业之初资金都较为紧张，因而要寻找投资少、见效快、差异化较高、竞争性不太激烈的行业或领域，使创业活动能站稳脚跟，再图未来发展。

⑤利用替代品寻找创业机会。替代品是指那些与本行业的产品有相同或相似功能的产品。替代品的出现能给现有行业内的所有企业带来冲击，因为替代品往往在某些方面有超过原有产品的竞争优势，如价格低、质量高、功能新、性能好等，有能力争夺同业市场，取得较高利润。大学生有较新的思想观念和时尚要求，对替代品的发展有更敏锐的感应。发现和利用替代品去创业是一个极佳的创业途径。

⑥从买方讨价能力的大小中寻找创业机会。买方讨价能力的大小会给本行业带来巨大的竞争压力。一般来说，买方进货渠道多、进货批量大、购买能力强、标准化程度高的产品，其讨价能力就强，反之就弱。认真分析购买者的消费需求，迫使消费者向着进货渠道有限、进货批次较多、产品差异化程度较高的方面转化，创业就更有成功的机会，利润率也能得到较高的保障。

⑦从供方的讨价能力大小中寻找创业机会。供方是指企业以及生产经营活动所需要的各种资源、配件等的供应单位，他们往往通过提高价格或降低质量及服务的手段向行业施加压力，并以此榨取行业利润。供方优势表现在：一是少数几家企业高度控制或垄断某些资源或配件；二是提供的产品可替代程度低，用户选择余地小；三是供方与其自身供方结成联盟易造成产业链垄断，产生更大的讨价能力。大学生创业之时，可以寻找挖掘某些资源，与供方结成联盟，大树底下好乘凉，取得创业的主动与优势。当然，在当今资源紧张的现有市场中要做到这点是不容易的，但这却是一条创业成功的有效途径。

⑧从消费者的不满意中识别创业机会。

当年美国西部淘金热的时候，人们都想去西部淘金，但是一个叫李维斯的人发现，在淘金的过程中，人们穿的裤子经不起工地上的磨损，很快就磨破了，他就以帆布为原材料，制作出了今天依然流行的牛仔裤（见下页图 8-2），解决了人们在淘金的过程中裤子不耐穿的问题。最终牛仔裤大卖，销量火爆。当大家还在做着淘金梦的时候，李维斯已经靠牛仔裤实现了他自己的“淘金梦”。

图 8-2 身穿牛仔裤的西部牛仔

在现实生活中，几乎所有行业中的用户或消费者对商家都有这样或那样不满意的地方，如大到商品房、汽车，小到手机及日常生活用品等，消费者的投诉率都是很高的。消费者投诉率高说明厂商的产品或服务有很多地方不能令消费者满意，或者不能满足其消费的要求。认真调查和分析消费者的种种不满和抱怨，从另一个角度来看就是市场中缺少或缺失某些服务功能来满足社会消费者的需要，显示出市场的盲点或空白点。对这些问题的研究发现能成为又一条成功的创业途径。调查分析的具体方法：首先，列出人们在衣食住行、物质文化、精神文化及其他方面的消费需求；然后通过调查了解人们在这些项目中的哪些方面不满意以及不满意的程度；再次，分析为什么会产生不满意之处，是产品质量、价格、个性化设计，还是销售渠道、售后服务或者某些个性化的要求有缺失等；最后，根据产生的原因和自身的实际能力与条件，发现创业的项目，开始创业的活动。

知识链接

知识点 2：选择创业项目

1. 适合自己的才是最好的

俗话说："隔行如隔山。"在选择创业项目的时候，要尽量选择与自己的专业、特长相符合的项目。此外，最好选择自己热爱的行业。俗话说，兴趣是最好的老师。只要你对某项事情感兴趣，一般都愿意为其付诸努力。

2. 市场前景决定成败

创业者需要具备一定的市场洞察能力，在确定创业项目之前，要明确了解该项目的市场特征、市场需求与市场前景如何。有些产品虽然需求大，但成本高、利润低，不利于资本的积累。还有些行业可能市场已经饱和或者已经处于产品生命的衰退期，这都需要创业者进行准确判断。

3. 周密考察、科学取舍

有一个日本人从美国的一所大学毕业后回到日本创业，他先是选出了 50 个自认为可行的创业项目，然后用一年时间逐个进行考察，写出了几尺厚的资料，最终选择了做软件。后来他成了世界知名的富翁，并一度贵为世界首富。这个人就是日本软件银行集团的董事长兼总裁孙正义。

创业项目本身是否科学也是创业成功的关键。在这个信息发达的时代，许多创业者都是根据信息来选择项目的。但是，创业者不能人云亦云，对信息一定要进行考察、分析。（见图 8-3）周密的考察和科学的取舍必不可少，未经实地考察和对现有的经营情况有确切的了解，就不要轻易投资。

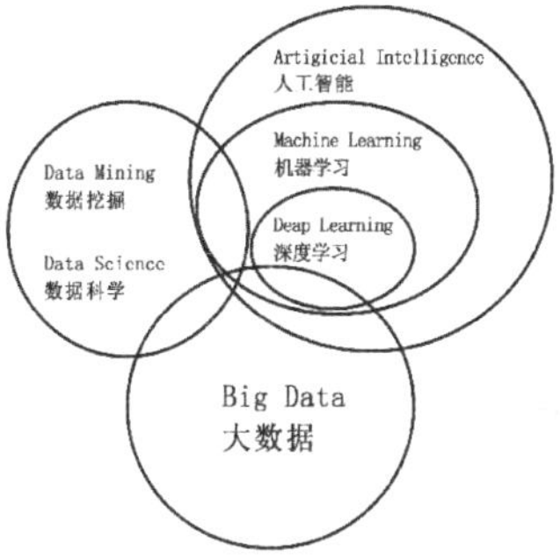

图 8-3　某机构对编程培训的调查表

创业者还要考察项目的成熟度，如市场上有无设备、目前服务情况如何、资金投入后能不能马上生产上市等。此外，还要考察创业项目是否有自己的发展空间、存在的困难能否解决、能否持续发展、生产经营是否合法等。

4. 切忌纸上谈兵，盲目创业

调查研究发现，大学生选择的创业项目大多集中于服务行业，对于暂缺资金的初创者而言，服务业也是个不错的选择，而且大多选择的是高科技和智力服务，如软件开发、网络服务、网页制作、家教中介等。但无论选择什么样的创业项目，都切忌纸上谈兵，只凭自己的兴趣和想象，或者凭一时心血来潮盲目行动，那样注定会失败（见图 8-4）。

图 8-4　切忌盲目创业

知识链接

知识点 3：创业项目的评估

1. 市场定位评估

一个好的创业项目，必然具有特定市场定位，专注于满足顾客需求，同时能为顾客带来增值的效果。因此评估创业项目的时候，可由市场定位是否明确、顾客需求分析是否清晰、顾客接触通道是否流畅、产品是否持续衍生等，来判断创业项目可能创造的市场价值。创业带给顾客的价值越高，创业成功的概率也会越大。

2. 市场结构评估

针对创业机会的市场结构进行分析，包括进入障碍、供货商、顾客、经销商的谈判力量、替代性竞争产品的威胁以及市场内部竞争的激烈程度。由市场结构分析可以得知新企业未来在市场中的地位，以及可能遭遇竞争对手反击的程度。

3. 市场规模评估

市场规模大小与成长速度，也是影响新企业成败的重要因素。一般而言，市场规模大者，进入障碍相对较低，市场竞争激烈程度也会略为下降。如果要进入的是一个十分成熟的市场，那么纵然市场规模很大，由于已经不再成长，利润空间必然很小，因此这个市场恐怕就不值得再投入。反之，一个正在成长中的市场通常也会是一个充满商机的市场，所谓水涨船高，只要进入的时机正确，必然会有获利的空间。

4. 市场渗透力评估

对于一个具有巨大市场潜力的创业项目，市场渗透力（市场机会实现的过程）评估将会是一项非常重要的影响因素。聪明的创业家知道选择在最佳时机进入市场，也就是市场需求正要大幅成长之际，你已经做好准备，等着接单。

5. 市场占有率评估

创业项目预期可取得的市场占有率目标可以显示一家新创公司未来的市场竞争力。一般而言，要成为市场的领导者，最少需要拥有 20% 以上的市场占有率。如果市场占有率低于 5%，则这个新企业的市场竞争力不高，自然也会影响未来企业上市的价值。尤其处在具有赢家通吃特点的高科技产业，新企业必须拥有成为市场前几名的能力，才比较具有投资价值。

6. 产品的成本结构评估

产品的成本结构也可以反映新企业的前景是否亮丽。例如，根据物料与人工成本所占比重之高低、变动成本与固定成本的比重以及经济规模产量的大小，可以判断企业创造附加价值的幅度以及未来可能的获利空间。

7. 效益评估

①合理的税后净利。一般而言，具有吸引力的创业项目至少要能够创造 15% 以上的税后净利。如果创业预期

的税后净利在 5% 以下，那么这就不是一个好的投资机会。

②达到损益平衡所需的时间。合理的损益平衡时间应该能在两年以内达到，但如果三年还达不到，恐怕就不是一个值得投入的创业项目。不过有的创业项目确实需要经过比较长的耕耘时间才能持续获利，在这种情况下，可以将前期投入视为一种投资，才能容忍较长的损益平衡时间。

③投资回报率。考虑到创业可能面临的各项风险，合理的投资回报率应该在 25% 以上。一般而言，15% 以下的投资回报率的项目是不值得考虑的创业项目。

8. 人力资源评估

无论何种创业项目，都需要人来做。在确定项目前，有必要厘清以下问题：你真的有做这个项目的意愿和能力吗？谁将是你的团队成员，他们有经验、专业知识、社会关系和必备的品质吗？面对变化多端的市场、激烈的竞争，团队管理是一个重要的衡量尺度。机会的实现需要有能力和热情的人来完成，你有足够而且合适的人吗？

拓展阅读 他山之石，可以攻玉——创新创业影视推荐

即便创业不易，依然要迈步向前。当创业变成你生活的全部时，不妨休息一下，寻找一些必要的激励。还有什么比看一部电影更激励人心的呢？

以下是每一个创业者都应该看的10部电影：

1.《社交网络》

《社交网络》在2010年上映时获得巨大轰动并不奇怪。毕竟，大家都想了解马克·扎克伯格（Mark Zuckerberg）是如何从一个哈佛大学的学生转变为世界上最受欢迎的社交媒体创始人的。

推荐理由：虽然这部电影被过分戏剧化了，但它告诉人们，通过展现灵活和激情是可以实现创业的成功的。

2.《拜金一族》

这部电影取材于大卫·马麦特（David Mamet）的普利策奖剧作，讲述了竞争激烈的芝加哥房地产市场的故事。电影从深层角度刻画了人们为了取得商业上的成功而尔虞我诈、互相背叛的丑恶面目。（见图8-5）

图8-5 《拜金一族》宣传图

推荐理由：这部电影会让你意识到，商业世界是残忍的，创业之前应当做好这种心理准备。

3.《硅谷传奇》

该片于1999年上映，讲述了美国科技领先世界的早期故事，以及微软公司创始人比尔·盖茨和苹果公司创始人史蒂夫·乔布斯的崛起经历，也从一个有趣的角度展示了二人的日常生活。

推荐理由：如果你缺少创业资金，但拥有聪慧的头脑或某项专才，那么依然可以从这两位标志性的人物身上寻找到创业灵感。

4.《公民凯恩》

影片围绕着虚构人物——报业大亨凯恩展开，讲述了他的一生及其对财富和权力的追求。影片的最后，凯恩终于理解了生命中真正重要的东西是什么。

推荐理由：创建一家成功的企业无疑是每一个创业者的目标，但那并不是生活的全部。因为你还需要爱情、亲情、友情……

5.《当幸福来敲门》

这部由美国商人、投资家克里斯·加德纳（Chris Gardner）的真实故事改编成的影片，对创业者来说是最感人也最励志的电影之一。如果你没有被克里斯和他儿子为梦想奋斗的精神所感染，那你真的不应该创业。

推荐理由：即使无家可归，也要艰难抚养儿子，克里斯从未放弃过自己的梦想。这种激情和牺牲精神是每个创业者都需要具备的。

6.《点球成金》

观看此片，你无须是棒球迷。影片中的比利·比恩（Billy Beane）是奥克兰运动家棒球队的总经理，因为球队没有足够的资金，比恩不得不另辟蹊径与其他球队竞争，并最终赢得了胜利。(见下页图8-6)

推荐理由：比恩具有创新精神，这是创业者最为宝贵的品质之一，它能让创业者知道如何能让事情变得更好。

7.《洛奇》

该片讲述了一个寂寂无闻的拳手洛奇与重量级拳王阿波罗争夺拳王的故事。

推荐理由：即使全世界都说你永远不可能成功，也要继续战斗。这种竞争精神可以让你走得更远。可以打赌，听了美国原创音乐人比尔·康堤（Bill Conti）的配乐，你不受鼓舞才怪。

8.《华尔街》

1987年，导演奥利弗·斯通（Oliver Stone）让戈登·盖柯（片中主角）凭借“贪婪是个好东西”的座右铭成了电影史上最臭名昭著的角色之一。影片还讲述了巴德（片中另一主角）利用违法和不道德的行为成为金融大鳄的故事。

推荐理由：不要为了金钱出卖自己！记住，创业并不只是为了财富和名誉。

9.《甜心先生》

该片讲述了杰瑞·马圭尔被一家国际体育运动管理公司无理解雇后，没有灰心，热心面对生活，并得到了众人的帮助，最后走向成功的故事。

推荐理由：当你追寻梦想并矢志不移，那么无论事业还是个人生活，都会为你让路。这是杰瑞·马圭尔告诉我们的宝贵经验。

图 8-6 《点球成金》宣传图

10.《上班一条虫》

这部喜剧讲述了不堪忍受乏味工作的彼得·吉布森在被催眠后，一反常态反抗公司规定的故事。

推荐理由：这部影片也许能从另一个角度告诉你，怎么样才能做好一个创业团队的领导。

项目九

创新创业计划书的撰写

苹果电脑公司的成功

引导案例

美国著名的苹果电脑公司所创造的“硅谷奇迹”堪称创业成功的典范。该公司的创始人乔布斯与斯蒂芬·沃兹奈克（Stephen Wozneck）曾经是中学时期的同学，他们在 1976 年设计出了一款新型的个人用电脑——苹果一号，在展出后大受欢迎，销售情况出乎意料得好。受此鼓舞，他们决定进行小批量生产。但他们总共只凑集了 1400 美元，根本不足以应付急速的业务发展状况。从英特尔公司销售经理职位上提前退休的百万富翁迈克·马库拉（Mike Makula）经别人介绍找到了这两个年轻人，他以多年驾驭市场的丰富经验和企业家特有的战略眼光敏锐地意识到了未来个人电脑市场的巨大潜力。他决定与两位年轻人进行合作创办苹果电脑公司。经过与乔布斯和沃兹奈克共同讨论，三人花了两个星期时间制订出一份苹果电脑公司的经营计划书。马库拉又掏出 9.1 万美元入股，还争取到美洲银行 25 万美元的信用贷款。但饶是如此，资金缺口仍然很大。随后，三人带着苹果的经营计划书，走访了无数投资家。那些身经百战的商场精英们很快从经营计划书中嗅到了诱人的“钱景”，纷纷为新成立的苹果电脑公司投资。正是有了充足的启动资金，苹果电脑公司才逐渐发展成了今天这等规模。

小组讨论 1

看了上面的案例，你对创业计划书有什么直观的印象？

小组讨论 2

你认为创业计划书应该包含哪些内容？

知识链接

知识点1：创业计划书概述

创业计划书是将有关创业的想法，借由白纸黑字最后落实的载体。创业计划书用以描述与拟创办企业相关的内外部环境条件和要素特点，为业务的发展提供指示图和衡量业务进展情况的标准。一个处于酝酿中的项目，往往各方面都很不确定，创业者可以通过制订创业计划书，罗列出项目的优缺点，再逐条推敲，得到更清晰的认识。

创业计划书除了让创业者自身对项目有更加清晰的认识，也要能够说服投资者和其他相关者认为创业者的项目有前景。一份完整的创业计划书既是开办一个新公司的发展计划，也是风险投资家评估一个新公司的主要依据。

一份有吸引力的创业计划书能使创业者把握创业的整体思路，明确经营理念，认识潜在障碍以及制定应对策略，从而能够在创业的过程中有效地管理企业并取得创业的成功。

知识链接

知识点 2：创业计划书的内容

创业计划书是对创业思路的明确化、具体化和书面化，一方面可以对创业者的创业思路进行梳理，以增强信心、明确经营理念、避免盲目创业，另一方面也是吸引创业资金、拓展融资渠道和寻求外部资源支持的有力武器。因此，创业计划书的质量在很大程度上决定着创业项目能否得到孵化支持。

一个标准的创业计划书可以从以下十一个方面着手撰写。

1. 封面

封面的设计要有美感和艺术性，一个好的封面会使阅读者产生最初的好感，形成良好的第一印象。

2. 计划执行摘要

计划执行摘要是创业计划书的重点阅读部分。良好的摘要浓缩了创业计划的精华，涵盖了创业计划的要点，使读者一目了然，既节约读者的阅读时间，又能使读者在最短的时间内评审计划并做出判断。

计划执行摘要一般包括以下内容：公司简要介绍，管理者及其组织机构，主要产品或服务，市场调研情况，营销策略，销售计划，生产管理计划，财务计划，资金需求状况等。

此外，执行摘要需着重说明自身企业不同于竞争对手之处以及企业获得成功的市场因素。

3. 企业介绍

这部分的目的不是描述整个计划，也不是提供另外一个概要，而是对公司做出介绍，因而重点是公司理念和如何制定公司的战略目标。

4. 行业分析

在行业分析中，应该正确评价所选行业的基本特点、竞争状况以及未来的发展趋势等内容。关于行业分析的典型问题：①该行业的发展程度如何？现在的发展动态如何？②创新和技术进步在该行业扮演着一个怎样的角色？③该行业的总销售额有多少？总收入为多少？④经济发展对该行业的影响如何？政府是如何影响该行业的？⑤进入该行业的障碍是什么？将如何克服？等等。

5. 产品（服务）介绍

在产品（服务）介绍部分，要对产品（服务）做出详细的说明。说明要准确，也要通俗易懂，使不是专业人员的投资者也能明白。一般来说，产品（服务）介绍应包括以下内容：①产品（服务）的概念；②产品（服务）性能及特性；③主要产品（服务）介绍；④产品（服务）的市场竞争力；⑤产品（服务）的研究和开发过程；⑥发展新产品（服务）的计划和成本分析；⑦产品（服务）的市场前景预测；⑧产品（服务）的品牌和专利等。

6. 人员及组织结构

和其他资源相比较，人力资源是最宝贵的主观能动资源，这是由人的主动性和创造性决定的。企业管理的好坏直接决定了企业经营风险的大小，而高素质的管理人员和良好的组织结构则是管理好企业的重要保证。

在创业计划书中，必须要对主要管理人员加以阐明，介绍他们所具有的能力，他们在本企业中的职务和责任，他们过去的详细经历及背景。此外，还应对公司结构做简要介绍，包括公司的组织结构图，各部门的功能与责任，各部门的负责人及主要成员，公司的报酬体系，公司的股东名单（包括认股权、比例和特权），公司的董事会成员，各位董事的背景资料。

7. 市场预测

当企业要开发一种新产品或向新的市场扩展时，首先就要进行市场预测。如果预测的结果并不乐观，或者预测的可信度让人怀疑，那么投资者就要承担更大的风险，这对多数风险投资家来说是不可接受的。创业计划书中的市场预测部分至少应包括以下几方面内容：①需求预测。市场是否存在对这种产品的需求？需求程度是否可以给企业带来所期望的利益？②市场预测综述。新的市场规模有多大？需求发展的未来趋向及其状态如何？③竞争者概览。对企业所面对的竞争格局进行分析。市场中主要的竞争者有哪些？是否存在有利于本企业产品的市场空当？④目标顾客和目标市场。本企业预计的市场占有率是多少？⑤本企业产品的市场地位等。本企业进入市场会引起竞争者怎样的反应？这些反应对企业会有什么影响？

8. 营销策略

营销过程是动态的，营销策略也总在动态调整之中。没有一个所谓最终的静态模式，营销的各环节均在产品、服务和市场之间追求销量最大化，而无论产品、服务还是市场，都是动态的。一个营销计划只有在其各个部分相互衔接时才有意义。要做好其中的一部分非常容易，但要做出一个各部分内部连贯且互为补充的营销策略却不简单。营销策略应包括以下内容：市场机构和营销渠道的选择、营销队伍和管理、促销计划和广告策略、价格决策等。营销是企业经营中最富挑战性的环节，影响营销策略的主要因素有消费者的特点、产品的特性、企业自身的状况、市场环境方面的因素。最终影响营销策略的则是营销成本和营销效益因素。

对新创企业来说，由于市场对产品和企业的知名度尚不认可，因此，企业只能暂时采取传统的高成本低效益的营销战略。如上门推销，大打商品广告，向批发商和零售商让利，或交给任何愿意经销的企业进行销售。此外，还有一些新的营销方式，如网络营销、会议营销等。

9. 生产计划

生产计划是一个全面的计划和模拟系统，它把灵活的预测技术、不同时间阶段的供需计划与基于计划人员的执行环境结合起来，帮助企业迅速响应客户需求和经营要求上的变化。

创业计划中的生产计划应包括以下内容：①产品制造和技术设备现状；②生产线的设计与产品组装设计；③制订新产品投产计划、生产周期标准和生产作业计划；④技术提升、设备引进和安装情况以及对设备更新的要求；⑤质量控制方法和质量改进计划；⑥物料需求计划及其保证措施；⑦供货者的前置期和资源的需求量；⑧制订确保新产品在进入规模生产时的稳定性和可靠性方案。

为了增大企业在投资前的评估价值，在寻求投资商的过程中，创业者应尽量将生产计划制订得更加详细、可靠。

10. 财务规划

财务规划是对创业计划书的支持和说明，一份好的财务规划对评估风险企业所需的资金数量、提高风险企业取得资金的可能性是十分关键的因素。

财务规划一般包括以下内容。①现金流量表：流动资金是企业的生命线，企业在初创或扩张时，对流动资金需要预先有周详的计划和进行过程中的严格控制。②损益表（或利润表）：损益表是用来反映公司在一定期间利润实现（或发生亏损）的财务报表。它是一张动态报表，损益表可以为报表的阅读者提供做出合理的经济决策所需要的有关资料，可用来分析利润增减变化的原因、公司的经营成本以及做出投资价值评价等。③资产负债表。亦称财务状况表，表示企业在一定时期（通常为各会计期末）的财务状况（即资产、负债和业主权益状况）的主要会计报表。该报表的功用除了在企业内部纠错外，也可以让阅读者在最短时间内了解企业的经营状况。

11. 风险与风险管理

这部分也是投资者十分感兴趣的问题，因为直接关系到其商业利益，所以要仔细考虑和分析。尽管可能存在的风险因素非常多，但企业必须根据自身的实际来描述确实存在的关键风险。创业是一个风险活动，良好的风险管理是创业初期能否成功和创业能否成熟的重要内容。

风险管理包括对风险的量度、评估和应变策略，主要由以下内容组成。①企业在市场、竞争和技术方面存在的基本风险。②企业应对风险的方法。③企业有哪些附加机会？④在现有资本基础上如何进行扩展？⑤在最好和最坏的情形下，五年计划表现如何？

即使估计不那么准确，也应该可以估计出误差范围有多大。如果可能的话，可以对关键性参数做出最好和最坏的设定。

知识链接

知识点 3：创业计划书的撰写步骤和技巧

第一阶段：资料准备

以创业计划书总体框架为指导，针对创业目的与宗旨，搜寻内部与外部资料，包括创业企业所在行业的发展趋势、产品市场信息、产品测试、实验资料、竞争对手信息、同类企业组织结构状况、行业内同类企业财务报表等。资料调查可以分为实地调查与收集二手资料两种方法。实地调查可以得到创业所需的一手真实资料，但时间及费用耗费较大。收集二手资料较容易，但可靠性较差。创业者可以根据需要灵活采用调查方法。同时，创业者可以搜集和整理其他创业者成功的创业计划书案例，借鉴他人成功的经验，有针对性地准备自己的创业计划书。

第二阶段：创业构思

在分析自身条件和了解创业机会的基础上，创业者可以对创业项目做初步的构思与选择，即选择创业的切入点。例如：是办修理厂，还是办加工厂；是开美发中心，还是进行软件开发；是开超市，还是经营酒店；是个人独立经营，还是与人合作经营等。选择的正确与否直接关系到创业的成败。

第三阶段：市场调研

市场调研是运用科学的方法、有目的、有计划地收集、整理和分析创业信息和资料。没有深入透彻的市场调查就不能准确把握市场的脉搏，无法了解适宜环境并满足客户需求的商机。市场调研的具体执行是一项繁杂的工作，需要创业者亲身体验。创业者要站在消费者角度思考和分析客户需求、偏好等，将获得的信息融入预期产品或服务的方案设计中。

创业者可以通过问卷调查、企业网站的在线调查、随访或者团队中一线销售人员直接面对市场和消费者获得市场信息。市场调研是创业计划书中不可或缺的部分。

第四阶段：方案起草

依据创业构思和市场调研的结果，对创业企业的市场竞争及销售、组织与管理、技术与工艺、财务计划、融资方案以及风险分析等内容进行全面编写，初步形成较为完整的创业计划方案。

写作风格要适中，恰到好处。介绍技术时，要用科学事实和必要的数据阐明技术的先进性和实际性。介绍设想时，要有充分的市场研究结果，阐述想法的合理性，证明想法的可行性。分析市场时，要对未来市场前景有合情合理的分析，要言之有据。

总之，创业计划书既不是动员报告，也不是文艺作品，而是一篇实实在在的创业说明书，一定要有冲击力，能抓住投资者的心。

第五阶段：检查修改

完成一份创业计划书并不意味着一劳永逸。在实际操作过程中，由于环境、市场的变动要经常对计划进行检查更新，确保计划的时效性、真实性和完备性。检查和修改是撰写创业计划书的一个重要步骤和重要阶段，是对创业计划书进行提升和提炼的过程，是进一步厘清创业思路的过程，也是一个进一步夯实创业准备工作的过程。

拓展阅读

创业计划书的基本格式借鉴

第一部分 执行摘要

一、企业简单介绍

二、企业的宗旨和目标（市场目标和财务目标）

三、企业目前的股权结构

四、已投入的资金及其用途

五、企业目前的主要产品或服务介绍

六、市场概况和营销策略

七、主要业务部门及业绩简介

八、核心经营团队

九、企业优势说明

十、目前企业为实现目标的增资需求，包括原因、数量、方式、用途、偿还等

十一、融资方案（资金筹措及投资方式）

十二、财务分析

1. 财务历史数据(前3～5年销售情况汇总、利润、成本)

2. 财务预计（后3～5年销售情况汇总、利润、成本）

3. 资产负债情况

第二部分 综述

第一章 企业介绍

一、企业宗旨的详细表述

二、企业简介

三、各部门职能和经营目标

四、企业管理

1. 董事会

2. 经营团队

3. 外部支持（外聘人士、会计师、律师、顾问、技术支持、行业协会等）

第二章 产品或服务

一、产品或服务描述

二、产品或服务状况

1. 主要产品或服务目录（分类、名称、规格、型号、价格等）

2. 产品或服务特性

3. 正在开发／待开发产品或服务简介

4. 研发计划及时间表

5. 知识产权策略、无形资产（商标／知识产权／专利等）

三、产品生产

1. 资源及原材料、协作件的供应

2. 现有生产条件和生产能力

3. 扩建设施、要求及成本，扩建后的生产能力

4. 原有主要设备及添置设备

5. 产品标准、质检和生产成本控制

6. 包装、储存、运输

第三章 市场分析

一、市场规模、市场结构与划分

二、目标市场的设定

三、产品消费群体、消费方式、消费习惯及影响市场的主要因素

四、目前公司产品的市场状况、产品所处市场发展阶段（空白／新开发／高成长／成熟／饱和）、产品排名及品牌状况

五、市场趋势预测和机遇

六、行业政策

第四章 竞争分析

一、行业垄断情况

二、从市场细分看竞争者市场份额

三、主要竞争对手情况：公司实力、产品情况（种类、价位、特点、包装、营销、市场占有率等）

四、潜在竞争对手情况和市场变化分析

五、公司产品或服务的竞争优势

第五章 市场营销

一、营销计划概述（区域、方式、渠道、预估目标、份额）

二、销售政策（以往／现行／计划）

三、销售渠道、方式、行销环节和售后服务

四、主要业务关系状况（代理商／经销商／直销商／零售商／加盟商等），各级资格认定标准及政策（销售量／回款期限／付款方式／应收账款／货运方式／折扣政策等）

五、销售队伍情况及销售福利分配政策

六、促销和市场渗透（方式及安排、预算）

1. 主要促销方式

2. 广告／公关策略媒体评估

七、产品价格方案

1. 定价依据和价格结构

2. 影响价格变化的因素和对策

八、销售资料统计和销售记录方式、销售周期的计算

九、市场开发规划：销售目标（近期、中期），预估（3～5年）销售额、市场占有率及计算依据

第六章 投资说明

一、资金需求说明（用量／期限）

二、资金使用计划及进度

三、投资形式(贷款／利率／利率支付条件／转股——普通股、优先股／对应价格等)

四、资本结构

五、回报／偿还计划

六、资本原负债结构说明（每笔债务的时间／条件／抵押／利息等）

七、投资抵押（是否有抵押／抵押品价值及定价依据／定价凭证）

八、投资担保（是否有抵押／担保者财务报告）

九、吸纳投资后的股权结构

十、股权成本

十一、投资者介入公司管理程度说明

十二、报告（定期向投资者提供的报告和资金支出预算）

十三、杂费（是否支付中介人手续费等）

第七章 投资报酬与退出

一、股票上市

二、股权转让

三、股权回购

四、股利

第八章 风险分析

一、资源（原材料／供应商）风险

二、市场不确定性风险

三、研发风险

四、生产不确定性风险

五、成本控制风险

六、竞争风险

七、政策风险

八、财政风险（应收坏账）

九、管理风险（含人事／人员流动／关键雇员依赖等）

十、破产风险

第九章 管理

一、公司组织结构

二、管理制度及劳动合同

三、人事计划（配备／招聘／培训／考核）

四、薪资、福利方案

五、股权分配和认股计划

第十章 经营预测

增资后3～5年公司销售数量、销售额、毛利率、成长率、投资报酬率预估及计算依据等

第十一章 财务分析

一、财务分析说明

二、财务数据预测

1. 销售收入明细表

2. 成本费用明细表

3. 薪金水平明细表

4. 固定资产明细表

5. 资产负债表

6. 利润及分配明细表

7. 现金流量表

8. 财务指标分析

(1) 反映财务盈利能力的指标

A. 财务内部收益率

B. 投资回收期

C. 财务净现值

D. 投资利润率

E. 投资利税率

F. 资本金利润率

G. 不确定性分析：盈亏平衡分析、敏感性分析、概率分析

(2) 反映项目清偿能力的指标

A. 资产负债率

B. 流动比率

C. 固定资产投资借款偿还期

第三部分 附录

一、附件

1. 营业执照影印本

2. 董事会名单及简历

3. 主要经营团队名单及简历

4. 专业术语说明

5. 专利证书／生产许可证／鉴定证书等

6. 注册商标

7. 企业形象设计／宣传资料（标志设计、说明书、出版物、包装说明等）

8. 简报及报道

9. 场地租用证明

10. 工艺流程图

11. 产品市场成长预测图

二、附表

1. 主要产品目录

2. 主要客户名单

3. 主要供货商及经销商名单

4. 主要设备清单

5. 市场调查表

6. 预估分析表

7. 各种财务报表及财务预估表

项目十

大学生创新创业实践

“95 后”大学生的“种草大计”——净利润达到 450 万

引导案例

华中农业大学学生张振华格外忙碌——大三紧张的专业课程之外，他还需要筹备拓展自己的创业项目——苜蓿种植产业链，让养殖企业入股；而作为公益投入的 1.1 万亩“三北防护林”老树残林改造工程同样让他牵挂。

张振华大一时登上央视《创业英雄汇》的舞台，获得 100 万元融资，大二在家乡种植的 3700 亩紫花苜蓿，净利润达到了 450 万元。平头、略黑，谈话时不经意间总会露出憨厚的笑容的张振华俨然成为同学眼中的“传奇”。

童年贫苦——长大后欲改变家乡面貌

张振华家在内蒙古自治区呼和浩特市赛罕区的一个小乡村。贫穷成为他童年生活的主色调，“那时发誓以后不再当农民”曾是张振华内心的信念。随着阅历的增长，张振华的想法开始发生转变，想到还有那么多农民过着贫苦生活，他决心长大后要去改变家乡贫穷的生活面貌。读高中时，由于生物课本里讲述的知识与农业有着紧密的联系，在所有课程中，张振华尤其喜欢生物课，一个学期下来关于生物课的笔记密密麻麻整理了好几本。

高三那年，张振华在从事畜牧养殖的叔叔那里得知，我国牲畜食用的牧草基本都是从国外进口的，每年内蒙古牧场从美国进口的有“牧草之王”称号的紫花苜蓿数量就达上百万吨，而一吨的价格就要 3300 元。为什么我们不自己种呢？

张振华的想法首先遭到了母亲的反对，她认为家里唯一在读书的孩子应该考上一所好大学，找一份稳定体面的工作，而不是种牧草。张振华转而做起了父亲的思想工作。父亲拿出多年带建筑队积攒下的一些钱，帮儿子买了拖拉机和收割机以及储存苜蓿用的近两万平方米的房子，前后总共投资了 200 多万元。上学期间，主要由哥哥帮忙负责苜蓿的种植和维护。2014 年高考后的整个暑假，张振华加入苜蓿收割队伍中，每天早上太阳还没出来，张振华就到地里割草、运输；附近没超市，渴了只能喝井水；晚上七八点到家，张振华累得倒头便睡。10 月，1000 亩地的紫花苜蓿销售一空，张振华获利 150 万元，捞到了人生的第一桶金。

学习知识——登上《创业英雄汇》舞台

为了学习前沿的农业知识，张振华以超重点线50余分的成绩填报了华中农业大学，进入植物科学与技术学院的“张之洞班”。课余时间，张振华常在图书馆和学校数据库里查找和苜蓿相关的资料。在学校官网上，发现学校有专门做苜蓿科研的教授，他一下有了新想法：借助学校力量培育出适合我国种植的苜蓿种子。

之后，张振华开始频繁往辅导员的办公室跑，希望学校能对他的“种草大计”给予一定的支持。学校的老师一度觉得这个刚进校园没多久的学生的想法有点不切实际。打听到央视有个《创业英雄汇》栏目，张振华满怀期待地报了名。被拉入一个项目群后，却发现群里还有一万多个报名项目，张振华傻了眼。为争取更多机会，他每天都主动找群管理员聊项目。

最终，张振华获得了去央视参加面试的机会。在网上查阅相关资料后，张振华又打起了退堂鼓，每个月去北京参加面试的就有300个项目，而最终能留下来进行项目路演的只有15个，被选上的机会“很渺茫”。后来在辅导员陈志强的鼓励下，张振华还是决定去尝试一下。

学院特邀豆科作物专家、博士生导师赵剑作为张振华的技术顾问和指导老师，并派辅导员陈志强和他一同踏上北京寻梦之旅。面试当天，张振华整个上午都空着肚子，他认为“这样可以保持清醒”。第二天，节目组打电话告知张振华，项目被选入路演名单。“激动、紧张、胆怯”，19岁的张振华登上了《创业英雄汇》的舞台，“紫花苜蓿的根特别长，有很好的防风固沙和固氮作用，如果大面积推广对生态改良很有利……”，他在舞台上侃侃而谈。

节目现场，投资人对苜蓿项目既能带来很高经济价值，又能实现防风固沙的环保功能产生了很大兴趣。最终，张振华在现场与投资方签订了100万元融资的意向性合同。有媒体甚至将其解读为这种能改善土壤质量的植物，有望成为治愈北京沙尘暴的新“药方”。

成立公司—— 一边读书一边种草

2015年初，他成立了内蒙古华蒙农牧业开发有限公司，从当地招募的17个科研人员负责苜蓿品种的研发，他的叔叔负责打理公司大小事务，自己则开启了一边读书一边种草的创业历程。

“农业要想效益好，必须走规模化的路子，种草也是一样，需要大规模流转土地，购置机械化设备，一台进口大型收割机就要上百万元。”缺少资金是张振华创业过程中遇到的最大难题。经过认真考虑，他没有要投资方的100万元融资，而是选择了高息贷款，“一方面100万元太少，另一方面投资方希望实现对公司的完全控制，和团队商量后，我们决定做自己的企业，放弃了和他们的合作”。

同时，大规模流转土地也存在诸多阻力。“土地对农民来说很重要，每个人想种的东西也不一样，众口难调。”为了实现大规模生产，张振华只能挨家挨户说服，并采取调换地的方式，尽可能将土地聚拢。最终，张振华在距离家乡近百公里的凉城县流转了3000多亩土地。

2015年年底，张振华种植的3700亩紫花苜蓿净利润达到了450万元，累计改良土壤面积5000余亩，还获得了团中央和全国学联授予的“大学生创业英雄年度十强”称号。

一边学习，一边创业，紧张的环境也不断激发着他的潜能。大学期间，张振华基本每天只睡四五个小时，每天都要查阅资料、写策划书到凌晨两三点，早上不到7点就起床赶去上课，并且经常请假到全国各地考察、找合作伙伴。各地的农民兄弟从电视上得知有一个种紫花苜蓿很出名的小伙子，就常来向他请教。两年间，张振华先后义务去山西、河北、青海指导当地的农民种紫花苜蓿。

为促进牧草产业南移，张振华团队与湖北省京山畜牧局等单位达成50万元科研合作协议，致力于培育适应湖北地区的紫花苜蓿新品种。目前新品种已经培育完成，预计在湖北地区种植紫花苜蓿每亩地纯收入达4000元，是种植水稻、油菜收益的3倍。

张振华的心里还有一个牵绊，“三北防护林”工程持续多年，现在一些地方的防护林呈现“枯死、荒芜”景象，“西北的大地上依然荒芜一片，大片的老杨树正在老化枯萎”。2014年，他从自己创业获得的第一桶金中拿出30万元用于植树造林。截至2016年，张振华团队累计种植樟子松3.43万棵，改善“三北防护林”面积240余亩，改良生态环境超过16万平方米。

在老师的帮助下，他还探索出“两行一带”的新模式，即在树林之间种植紫花苜蓿，不光有效地改良了生态，而且还有可观的经济效益。

小组讨论 1

你认为张振华创业成功的原因是什么?

小组讨论 2

你做好了大学毕业后选择创业的准备吗?

知识链接

知识点 1：大学生创新创业现状

近年来，大学毕业生人数在大幅度增加，而社会所提供的工作和机会是有限的，导致市场上的大学生就业供过于求，就业形势日益严峻。除了就业市场宏观上的供需不平衡以外，大学生就业市场还呈现区域间供需不平衡的现象。如，大学生倾向于选择在工资高、机会多的中东部地区工作，而很少主动选择到偏僻的西部地区工作。这种选择导致中东部地区出现“僧多粥少”的局面，使得中东部地区和西部地区就业市场出现供需不平衡的状况，进而加剧了大学生的就业压力。因此，越来越多的大学毕业生选择创业。

近年来对高校创新创业教育所提出的各种规章要求，使得各大高校的创新创业教育课程得以顺利开设，创新创业教育的推广普及力度也因此逐年增加。就目前的现实情况而言，所取得的成果也较为明显。大部分高校的教学质量、学生毕业率、就业率、学生自身综合能力较之以往都有不同程度的提升。

知识链接

知识点 2：大学生创新创业实践体系建设

创新创业实践体系建设是高校构建创新创业人才培养体系的重要组成部分和基础性工作，高校应与地方政府、行业协会、企业以及社会各界进行创新创业教育的协同合作，这样不但能解决高校自主建设创新创业实践体系面临的困难，而且能推进高校与地方产业的深度融合。校地应协同构建三层递进式的创新创业实践平台，形成覆盖大学生学习全过程的创新创业教育实践体系，以构建科学合理的运行机制，保障实践体系的高效运行，提升高校创新创业人才培养质量，为大学生创新创业保驾护航。

知识链接

知识点 3：大学生创新创业赛事

1

中国国际“互联网 +”大学生创新创业大赛

由教育部与相关政府部门、各高校共同主办的一项技能大赛。大赛旨在深化高等教育综合改革，激发大学生的创造力，培养造就大众创业万众创新的生力军；推动赛事成果转化，促进“互联网 +”新业态形成，服务经济提质增效升级；以创新引领创业、以创业带动就业，推动高校毕业生更高质量地创业、就业。

2

“挑战杯”中国大学生创业计划竞赛

由共青团中央、中国科协、教育部、全国学联主办的大学生课外科技文化活动中一项具有导向性、示范性和群众性的创新创业竞赛活动，每两年举办一届。根据参赛对象的不同，分普通高校、职业院校两类。设科技创新和未来产业、乡村振兴和脱贫攻坚、城市治理和社会服务、生态环保和可持续发展、文化创意和区域合作五个组别。

3

“创客中国”中小企业创新创业大赛

由工业和信息化部与财政部联合主办的大赛。旨在激发创新潜力，集聚创业资源，营造“双创”氛围，共同打造为中小企业和创客提供交流展示、产融对接、项目孵化的平台；发掘和培育一批优秀项目和优秀团队，催生新产品、新技术、新模式和新业态；提升中小企业专业化能力和水平，推动中小企业转型升级和成长为专精特新“小巨人”企业，促进大中小企业协同创新发展，助力制造强国和网络强国建设。

4

“创青春”中国青年创新创业大赛

由共青团中央、中央网信办、工业和信息化部、人力资源社会保障部、农业农村部、商务部、国务院扶贫办、全国学联和相关地方政府机构联合主办。旨在搭建创业者展示成长平台、投融资对接平台，建立青年创新创业项目库、人才库、导师库，优化青年创业环境，提高青年创业成功率，激发全社会关心青年创业的热情，促进青年创业就业服务体系建设。

5

“学创杯”全国大学生创业综合模拟演训活动

由高等学校国家级实验教学示范中心联席会经管学科组、中国陶行知研究会主办的为激励大学生弘扬时代精神，培养创业意识，提高创业能力，促进高校就业创业教育的蓬勃开展，发现和培养一批具有创新思维和创业潜力的优秀人才，同时鼓励高校组建创业模拟实验实践平台，积极促进各类大学生创业的一项大型创业活动。该项活动主要采用《创业之星》《营销之道》作为活动平台。让学生体验企业若干轮虚拟年度的创业经营决策以及营销模拟实战，从而了解企业管理过程中可能遇到的各种情况与决策内容，提高学生的实践动手能力、对企业的综合管理能力以及分析问题并解决问题的能力。

6

全国大学生创新创业年会

由教育部支持，国家级大学生创新创业训练计划专家组主办。年会主要内容有三项。一是大学生创新学术交流：经专家遴选，推荐参加年会的学术论文项目，以学术报告的形式进行学术交流。二是大学生创新创业项目改革成果展示：经专家遴选，推荐参加年会的创新训练项目、创业训练项目和创业实践项目，以数字展形式进行项目交流。三是推介大学生创业项目：经专家遴选，推荐参加年会的创业训练项目和创业实践项目，进行项目推介、宣传和交流。

7

全国“互联网 +”快递业创新创业大赛

由国家邮政局主办。比赛项目包括创新产品设计、工作流程优化、创业计划实施等。创新产品设计主要包括快递业的硬件设备设计、软件系统设计、相关产品的功能优化或创新设计、实用新型设计和外观新型设计等。工作流程优化侧重以快递业内部运营流程和客户服务流程等为对象，进行科学合理且可行的优化设计。创业计划实施是指项目需与快递行业相关且已具备一定的实践基础，既具有规范性、科学性，也具有创新性、可行性和可操作性。其他与快递业高质量发展急需解决的热点难点问题及与邮政强国建设相关的创新创业项目，可不局限于“互联网 +”项目。

8

全国大学生电子商务“创新、创意及创业”挑战赛

简称“三创赛”，是由教育部高等学校电子商务专业教学指导委员会面向全国高校（含港澳台地区）举办的大学生竞赛项目，是教育部、财政部“高等学校本科教学质量与教学改革工程”重点支持项目，是激发大学生兴趣与潜能，培养大学生创新意识、创意思维、创业能力以及团队协同实战精神的学科性竞赛。“三创赛”为高等学校落实教育部、财政部《关于实施高等学校本科教学质量与教学改革工程的意见》、开展创新教育和实践教学改革、加强产学研之间的联系起到积极示范作用。

9

全国大学生集成电路创新创业大赛

由工业和信息化部人才交流中心主办。大赛以服务产业发展需求为导向，以提升我国集成电路产业人才培养质量为目标，打造产学研用协同创新平台，将行业发展需求融入教学过程，旨在提升在校大学生的创新实践能力、工程素质以及团队协作精神，助力我国集成电路产业健康快速发展。

10

全国大学生生命科学竞赛（创新创业类）

由教育部高等学校生物技术、生物工程类专业教学指导委员会、高等学校国家级实验教学示范中心联席会等相关机构联合举办的大赛。大赛每年举办一届，旨在为培养大学生的创新意识、实践能力和团队精神、拓宽科学视野、增强社会责任感、促进生命科学学科教学改革、提高人才培养质量服务。

11

全国技工院校学生创业创新大赛

由人力资源社会保障部主办。大赛以习近平总书记关于技能人才和职业教育工作的重要指示精神为指导，旨在通过举办大赛深入推进技工院校创业创新人才培养工作，提高技工院校学生的创业意识和创业能力，引导学生学习职业技能，实现创业创新，带动更多学生根据所学技能投身创业；旨在通过大赛搭建的平台优化创业创新发展环境，发掘技工院校优秀的创业创新技能人才和创业创新项目，在资源整合、技术支持和政策保障等方面创造更好的条件，提升技工院校学生创业创新的成功率，扶持创业创新技能人才实现更高质量就业。

12

中国创新创业大赛

由科技部、财政部、教育部等主办的全国性创业比赛。大赛旨在聚集和整合各种创新创业资源，引导社会各界力量支持创新创业，搭建服务创新创业的平台，弘扬创新创业文化，激发全民创新创业的热情，掀起创新创业的热潮，打造推动经济发展和转型升级的强劲引擎。

13

中国大学生服务外包创新创业大赛

由教育部、商务部等主办。旨在通过开展服务外包创新创业能力竞赛，引导和促进高校加强服务外包人才培养，为服务外包产业发展提供人才保障；推动大学生关注服务外包，关注服务外包企业就业机会；促进高校教育改革，使人才培养方向更紧密贴合新兴产业发展的需要。同时，大赛坚持公益性、公开性、公正性，努力打造人才培养和产业发展互动融合、选才用才的典范。

14

“中国创翼”创业创新大赛

由人力资源社会保障部、相关部门和社团组织联合主办。大赛坚持公益原则，通过比赛发现和选拔一批优秀青年创业创新项目，建立青年创业创新项目库；合理运用政府公共资源，充分动员社会其他资源，为优秀青年创业创新项目提供创业培训、创业指导、风险投资、园区孵化等对接服务，加速项目的落地和发展壮大；营造政府鼓励创业、社会支持创业、青年奋发创业的良好环境，推动以创新引领创业、以创业带动就业。

15

中华职业教育创新创业大赛

由中华职业教育社主办。旨在搭建展现青年学生创新创业成果的舞台，在全社会营造良好的创新创业氛围，助力职业院校学生等青年群体创业就业，引导他们学习创业知识、激发创新活力、提高创业能力。同时，大赛以赛促教、以赛促学和以赛促创，助力我国职业教育高质量发展。

拓展阅读

参加大学生创新创业赛事该怎样准备参赛资料?

好的开始是成功的一半。大学生创新创业赛事尽管种类繁多，每个比赛在侧重点和评分细则上也各有不同，但备赛的过程却有异曲同工之处。

1. 明确定位

首先要认清创新创业比赛毕竟不是真正的创业，它首要的性质还是一个“比赛”。作为一个比赛，需要获得评委的认可，这比创业容易很多。就好像你的就业指导老师可能从来没有离开过学校，那些创业比赛的评委很多也没有真的创过业。校赛选拔的过程中很多就是学校的团委或者管理学专业的老师在把关，到了决赛最多碰到的除了专家学者也就是投资人。在这样的背景下，商业计划书做成技术说明加可行性报告也就足够了。

虽然比不上真实的创业，但是参加一个比赛仍然费时费力，所以建议大家参加一些具有挑战性的比赛，那种只要参赛就能抱奖回来的“野鸡”比赛还是敬而远之为好。

2. 注意比赛的背景和主题

比赛的背景非常重要，区域性比赛、公司支持的比赛、会议支持的比赛和政府主导的比赛所需要准备的内容和企划（商业计划书）、陈述时的侧重点都不同。

搞清楚比赛背景就可以投其所好地定下项目方向了。比如区域性（领域性）的比赛，就需要与该区域（领域）的人文特征相结合并致力于提升该区域（领域）的现代化水平，而不只是扩大区域（领域）的影响力。

例如，如果参加中国通用航空创新创业大赛（见图 10-1），就需要有与航空相关的技术支持。

比赛的主题基本上都直接体现在比赛名称上。“互联网＋”肯定跟“互联网＋”新业态相关；商业创意比赛拼的就是创意；案例分析大赛考验的就是商业知识的运用；“‘挑战杯’中国大学生创业计划竞赛”听起来有些不明所以，不过结合其姐妹比赛（“挑战杯”全国大学生课外学术科技作品竞赛）比拼科技创新的背景，可以了解到该项竞赛很大程度上需要展现对科技成果的转化能力。实际上，很多学校在做这个比赛的时候都是一年搞发明、一年搞转化的。

厘清主题后，就可以结合自己项目的实际状况进行下一步的工作。

2018中国通用航空创新创业大赛决赛下月初将在成都举行

作者：赵磊 来源：中国日报网 2018-11-23 20:31:50

中国日报北京11月23日电（记者 赵磊）记者从中国航空工业集团有限公司获悉，航空工业集团与成都市人民政府11月23日在北京宣布，“2018中国通用航空创新创业大赛”决赛将于12月5日至6日在成都西部博览城举行。

据介绍，2018中国通用航空创新创业大赛是由航空工业集团发起，并联合北京航空航天大学、北京理工大学、中国航空学会、中国国际投资促进会、中国国防工业企业协会等机构共同主办的全国性赛事，旨在服务国家战略需求，促进大众创业、万众创新，以发现通用航空领域最具潜力的创新创业项目、创新创业人才、重大突破性技术为目标，通过产业引领、金融助力、智力扶持等途径，促进创新创业成果早日实现其社会价值，进而推动中国通用航空业可持续发展。

图 10-1　中国通用航空创新创业大赛相关报道

3. 团队组建

就好比数学建模比赛需要“建模高手＋程序达人＋文书高手”这样的配置，赢得一个创新创业比赛也需要有合适的团队。有一个或者两个核心队友是项目成功的基础，核心队友主要负责项目全局的把控以及路演答辩等。

团队中一样需要建模（商业模型和财会）高手和文书高手，同时需要一个“手艺人”来制作产品原型以及一个美工的角色来制作需要的材料（如 PPT）。一些比赛甚至给参赛者提供了可供使用的模版（见图 10-2）。

很多人可能觉得答辩小能手异常重要，但实际上任何对项目足够熟悉的口齿伶俐的人都能胜任这个角色。

不同的比赛需要配备的人员也是不同的，项目负责人千万不要觉得自己什么都可以，因为每一项专业的工作都包含着成败的细节，每一个专业的队友对于这一项工作的技术和专业程度不是新手小白短时间能学会的，一定要让专业的人干专业的事。

图 10-2 2017 西安国际创业大赛路演比赛使用 PPT 温馨提示

4. 踏实的企划（商业计划书）

虽然只是个比赛，但这并不意味着包装得好看就行了，企划一定要踏踏实实地照顾到一些基本的要素。这些要素包括：

①使用一些商业化、技术化的分析工具，如态势（SWOT）分析法可以显示出专业性，但一定只在必要的时候出现这些内容。如果随意滥用，会给人以凑字数之感。

同样的分析方法还有宏观环境（Politics，Economy，Society，Technology，PEST）分析法、波特五力分析模型、结构—行为—绩效模型（Structure-Conduct-Performance，SCP）等。在项目设计的时候可以使用这些方法来展开想象，但是在实际的企划中就一定要谨慎使用，否则可能会给人一种“这个团队其实没有想清楚，所以只好摆一些模式化的东西过来”的感觉，导致懂行的人看了觉得不专业，业余的人看了又看不懂，效果肯定不会好。

②企划一定要有明确的产品、产出、顾客和商业模型等。这些内容最好非常清楚、直接，一看就知道是做什么的。或许你很难说服评委认可这些产品的创新性、顾客的购买力和商业模型的可持续性是足够的，但这些内容仍然需要明确而且不可或缺。就好比你高考时某道应用题不会做，但也不能让它留白一样。

③可行性分析必不可少。无论你的分析是否靠谱，都要让人相信你有能力分析并且是认真做出来的。

在分析中，有的团队会大肆渲染自己的技术如何先进等，其实没有必要。在比赛中，先进性并没有实用性那么容易打动人。而且，在这方面有很多的分析工具和方法可以做检验，夸张甚至造假不可取。

如果项目有可能存在问题也应该指出。任何一个企划都不可能是完美的，商业模型不会一招鲜吃遍天，但局限性和可行性往往都是相辅相成的。承认问题能显出诚意和谦逊，同时，主动提出（已经准备好解决方案的）问题还可能避免被指出更严重的缺陷。

5.“保银模型”

获得冠军是每个参赛者的最高目标，但获得金奖需要的条件比较高，有的时候还需要一点运气或者别的因素（比如学校的全力支持）；而铜奖听起来又像是个安慰奖，所以下面介绍一个“保银奖”的模型。

银奖＝实用技术＋赋能客户＋符合项目背景的产出＋清晰的呈现

所谓实用技术，并不一定非要是已经获得新型实用专利的技术，而是说容易转化或者实现的技术，最好是已经成熟或处在转化过程中的技术，如写个App（现实中做App可能很难融资，但是在比赛的时候还是有用的）、改进一种材料等。

赋能客户则意味着你的目标客户群能够在这个商业模型中获益并有能力影响商业模型的发展和调整。一旦客户能做到这些，商业模式的可持续性就一定是有保障的。

产出不只是产品，也包括项目产生的其他影响。不同背景的比赛需要强调的产出可能是不同的。强调产出符合比赛的背景如同写文章的“扣题”，其对比赛是有帮助的，但在现实中这一条可能就行不通。

呈现的内容包括文字材料和答辩等。文字不需要追求高大上，只需要让人迅速知道是在做什么就好了。这需要团队对项目的思路非常熟悉，并且拒绝使用“假大空”的方式进行包装。

很多时候，评委都只能通过答辩的几分钟来了解你的项目。想要靠短短几分钟彻底说服台下的评委几乎是不可能的，但可以“打动”他们。打动靠的是“信念感”,而这个信念感体现的是答辩者的自信和把话说清楚的业务能力。当然,在答辩时,加一点适当的肢体语言，跟评委来一点眼神交流，会更具感染力。

项目十一

国家及地方政府的扶持政策

没钱参加创业培训怎么办？

引导案例

有了创业的想法后，刚从某高职院校毕业的小张仿佛一下子有了奋斗目标，干劲儿十足。可当真正开始筹备时，他发现创业其实并不像想象中那么简单。初次创业的资金有了，可还有很多问题他不知道，如注册一个私营独资企业需要什么手续、大约要多长时间、需要多少钱、场地选在哪里比较合适等。

为此，小张四处向人请教和咨询，虽然得到了很多热心人的帮助，但感觉他们都不够专业和系统。一次偶然的机会，小张得知区开业指导中心有免费的创业培训，他就毫不犹豫地参加了。

此优惠政策适用于包括高校毕业生在内的各类创业者。按规定，凡具有本地户籍的失业、协保人员和农村富余劳动力以及非正规就业劳动组织的业主，参加创业培训时，原则上可以享受全额补贴，而开业 3 年内的小企业创业者或有开业意向的在职人员，可享受最高不超过 50% 的补贴。(见图 11-1)

图 11-1　国家及地方政府对大学生创业予以扶持

小 组 讨 论 1

你对高职生创业的优惠政策有了解吗?

小 组 讨 论 2

请谈一谈你会利用哪些扶持政策帮助自己创业。

知识链接

知识点 1：国家出台针对支持大学生创新创业的政策文件

纵深推进大众创业万众创新是深入实施创新驱动发展战略的重要支撑，大学生是大众创业万众创新的生力军，支持大学生创新创业具有重要意义。

但是，大学生投身创新创业实践，也面临融资难、经验少、服务不到位等问题。为进一步支持大学生创新创业，教育部会同国家发展改革委、财政部、人力资源社会保障部、科技部、中央宣传部、民政部、国资委、市场监管总局、医保局、税务总局、知识产权局、人民银行、银保监会、证监会、建设银行等 15 个部门共同研制了《关于进一步支持大学生创新创业的指导意见》（国办发〔2021〕35 号）。这是史上第一次由国务院出台的专门针对支持大学生创新创业的政策文件，干货满满，为包括高职生在内的大学生创新创业提供了有力的政策扶持。

知识链接

知识点 2：大学生创新创业最新扶持政策解读

加强教育和培训

1. 建立以创新创业为导向的人才培养新模式。

2. 探索实施校企合作制度，吸引更多社会各界人才担任双创教师。

3. 打造一批高校创新品牌。

提供孵化空间和租金补贴

1. 鼓励各类孵化器为大学生创新创业团队开设一定比例的免费孵化器空间。

2. 政府投资开发的孵化器等应安排 30% 左右的场地免费提供给高校毕业生。

3. 在条件允许的情况下，可以对高校毕业生到孵化器创业提供租金补贴。

开放共享科技资源

各地区高校、科研院所的实验室、科研仪器、设施等科技创新资源可以与大学生开放共享，提供低成本、高质量的专业服务。

率先公开名单

1. 支持行业企业发布大学生个体创业需求清单，引导大学生精准创新创业。

2. 鼓励国有大中型企业面对高校和大学生发布技术创新需求，开展“揭榜挂帅”活动。

探索构建风险救助机制

1. 鼓励有条件的地方探索构建大学生创业风险救助机制，可通过创业风险补贴、商业保险费补贴等方式予以支持。

2. 毕业后创业的大学生可按规定缴纳“五险一金”，减少后顾之忧。

减免以下税费

1. 高校毕业生在毕业当年从事个体经营，符合规定条件的，在3年内按一定限额依次扣减其当年实际应缴纳的增值税、城市维护建设税、教育附加费、地方教育附加和个人所得税。

2. 对月销售额在15万元以下的小规模纳税人免征增值税，小微企业和个体工商户按固定金额减免所得税。

3. 对创业投资企业、天使投资人投资于未上市的中小高新技术企业以及种子期、初创期科技型企业的投资额，按规定抵扣所得税应纳税所得额。

练习平台免费向学生开放

1. 充分发挥大学科技园、大学生创业园、大学生创客空间等校内创新创业实践平台作用，面向大学生免费开放。

2. 推动央企、科研院所及相关公共服务机构为大学生打造集研发、孵化、投资等于一体的创业创新培育中心、互联网双创平台、孵化器和科技化产业园区。

提高贷款额度，降低贷款利率

1. 将高校毕业生个人最高贷款额度提高至20万元，对10万元以下贷款、获得设区的市级以上荣誉的高校毕业生创业者免除反担保要求。

2. 对于符合条件的高校毕业生创办的小微企业，最高贷款额度提高至300万元。

3. 降低贷款利率，简化贷款申报和审核流程。

引导社会资本支持

1. 引导创新创业平台投资基金和社会资本参与大学生创业项目早期投资投智。

2. 加快发展天使投资，培育一批天使投资人和创业投资机构。

促进成果转化

1. 做好大学生创新项目的知识产权确权、保护等工作，加快落实以增加知识价值为导向的分配政策，落实成果转化奖励和收益分配办法。

2. 鼓励国有大中型企业和产教融合型企业利用孵化器、产业园等平台，促进高校科技成果和大学生创新创业项目落地发展。

办好创新创业大赛

1. 继续办好中国国际“互联网 +”大学生创新创业大赛。

2. 建立健全中国国际“互联网 +”大学生创新创业大赛与各级各类创新创业比赛联动机制，搭建全球性创新创业竞赛平台。

3. 加强对中国国际“互联网 +”大学生创新创业大赛中涌现的优秀创新创业项目的后续跟踪支持，推动一批大赛优秀项目落地。

加强信息服务

1. 汇集创新创业帮扶政策、产业激励政策和全国创新创业教育优质资源，做好国家和地方的政策发布、解读等工作。

2. 及时收集国家、区域、行业需求，为大学生精准推送行业和市场动向等信息。

3. 加强对创新创业大学生和项目的跟踪、服务，畅通供需对接渠道，支持各地积极举办大学生创新创业项目需求与投融资对接会。

拓展阅读

大学生自主创业补贴申请流程

（各地有所不同，仅供参考）

申领补贴的人员应当按照规定填写“创业补贴申请表”，并且提供以下内容材料：

1. 申请人身份证原件及复印件。

2. 营业执照税务登记证副本原件及复印件，通过变更公司法定代表人创业的需要提供有效变更证明。

3. 毕业5年内的普通高等学校毕业生应提供毕业证书、报到证（或毕业证书认证证明）原件和复印件；高校在校生应提供学生证件原件以及复印件；返乡农民工应当提供本人外出务工期间和用人单位签订的劳动合同原件以及复印件。

材料补充（按需提供）。

大学生自主创业补助包括申请条件、申请范围、申请资料，具体如下：

一、申请条件：毕业5年内的本市大学生成功创业的。

二、申请范围：

1. 成功创业给予1万元创业补贴。

2. 吸纳2～5人就业，给予1万元奖励；吸纳6～10人就业，给予2万元奖励；吸纳11～20人就业，给予3万元奖励；吸纳21～30人就业，给予4万元奖励；吸纳30人以上就业，给予5万元奖励。

三、申请资料：所有资料一式两套。

1. 申请表（4份）。

2. 身份证复印件（1份）

3. 毕业证复印件（不包括在校生，在校生提供学生证）（1份）。

4. 创业就业登记证复印件（1份）。

5. 税务登记证、营业执照复印件（种养殖业无须提供此证，填写免于注册登记实体审核认定表）（1份）。

6. 租房合同（1份）。

7. 公司项目简介。

8. 开户银行账号复印件。

9. 其他指定资料。

附　录

国务院办公厅关于进一步支持大学生创新创业的指导意见

国办发〔2021〕35号

各省、自治区、直辖市人民政府，国务院各部委、各直属机构：

纵深推进大众创业万众创新是深入实施创新驱动发展战略的重要支撑，大学生是大众创业万众创新的生力军，支持大学生创新创业具有重要意义。近年来，越来越多的大学生投身创新创业实践，但也面临融资难、经验少、服务不到位等问题。为提升大学生创新创业能力、增强创新活力，进一步支持大学生创新创业，经国务院同意，现提出以下意见。

一、总体要求

以习近平新时代中国特色社会主义思想为指导，深入贯彻落实党的十九大和十九届二中、三中、四中、五中全会精神，全面贯彻党的教育方针，落实立德树人根本任务，立足新发展阶段、贯彻新发展理念、构建新发展格局，坚持创新引领创业、创业带动就业，支持在校大学生提升创新创业能力，支持高校毕业生创业就业，提升人力资源素质，促进大学生全面发展，实现大学生更加充分更高质量就业。

二、提升大学生创新创业能力

（一）将创新创业教育贯穿人才培养全过程。深化高校创新创业教育改革，健全课堂教学、自主学习、结合实践、指导帮扶、文化引领融为一体的高校创新创业教育体系，增强大学生的创新精神、创业意识和创新创业能力。建立以创新创业为导向的新型人才培养模式，健全校校、校企、校地、校所协同的创新创业人才培养机制，打造一批创新创业教育特色示范课程。（教育部牵头，人力资源社会保障部等按职责分工负责）

（二）提升教师创新创业教育教学能力。强化高校教师创新创业教育教学能力和素养培训，改革教学方法和考核方式，推动教师把国际前沿学术发展、最新研究成果和实践经验融入课堂教学。完善高校双创指导教师到行业企业挂职锻炼的保障激励政策。实施高校双创校外导师专项人才计划，探索实施驻校企业家制度，吸引更多各行各业优秀人才担任双创导师。支持建设一批双创导师培训基地，定期开展培训。（教育部牵头，人力资源社会保障部等按职责分工负责）

（三）加强大学生创新创业培训。打造一批高校创新创业培训活动品牌，创新培训模式，面向大学生开展高质量、有针对性的创新创业培训，提升大学生创新创业能力。组织双创导师深入校园举办创业大讲堂，进行创业政策解读、经验分享、实践指导等。支持各类创新创业大赛对大学生创业者给予倾斜。（人力资源社会保障部、教育部等按职责分工负责）

三、优化大学生创新创业环境

（四）降低大学生创新创业门槛。持续提升企业开办服务能力，为大学生创业提供高效便捷的登记服务。推动众创空间、孵化器、加速器、产业园全链条发展，鼓励各类孵化器面向大学生创新创业团队开放一定比例的免费孵化空间，并将开放情况纳入国家级科技企业孵化器考核评价，降低大学生创新创业团队入驻条件。政府投资开发的孵化器等创业载体应安排30%左右的场地，免费提供给高校毕业生。有条件的地方可对高校毕业生到孵化器创业给予租金补贴。（科技部、教育部、市场监管总局等和地方各级人民政府按职责分工负责）

（五）便利化服务大学生创新创业。完善科技创新资源开放共享平台，强化对大学生的技术创新服务。各地区、各高校和科研院所的实验室以及科研仪器、设施等科技创新资源可以面向大学生开放共享，提供低价、优质的专业服务，支持大学生创新创业。支持行业企业面向大学生发布企业需求清单，引导大学生精准创新创业。鼓励国有大中型企业面向高校和大学生发布技术创新需求，开展“揭榜挂帅”。（科技部、发展改革委、教育部、国资委等按职责分工负责）

（六）落实大学生创新创业保障政策。落实大学生创业帮扶政策，加大对创业失败大学生的扶持力度，按规定提供就业服务、就业援助和社会救助。加强政府支持引导，发挥市场主渠道作用，鼓励有条件的地方探索建立大学生创业风险救助机制，可采取创业风险补贴、商业险保费补助等方式予以支持，积极研究更加精准、有效的帮扶措施，及时总结经验、适时推广。毕业后创业的大学生可按规定缴纳“五险一金”，减少大学生创业的后顾之忧。（人力资源社会保障部、教育部、财政部、民政部、医保局等和地方各级人民政府按职责分工负责）

四、加强大学生创新创业服务平台建设

（七）建强高校创新创业实践平台。充分发挥大学科技园、大学生创业园、大学生创客空间等校内创新创业实践平台作用，面向在校大学生免费开放，开展专业化孵化服务。结合学校学科专业特色优势，联合有关行业企业建设一批校外大学生双创实践教学基地，深入实施大学生创新创业训练计划。（教育部、科技部、人力资源社会保障部等按职责分工负责）

（八）提升大众创业万众创新示范基地带动作用。加强双创示范基地建设，深入实施创业就业“校企行”专项行动，推动企业示范基地和高校示范基地结对共建、建立稳定合作关系。指导高校示范基地所在城市主动规划和布局高校周边产业，积极承接大学生创新成果和人才等要素，打造“城校共生”的创新创业生态。推动中央企业、科研院所和相关公共服务机构利用自身技术、人才、场地、资本等优势，为大学生建设集研发、孵化、投资等于一体的创业创新培育中心、互联网双创平台、孵化器和科技产业园区。（发展改革委、教育部、科技部、国资委等按职责分工负责）

五、推动落实大学生创新创业财税扶持政策

（九）继续加大对高校创新创业教育的支持力度。在现有基础上，加大教育部中央彩票公益金大学生创新创业教育发展资金支持力度。加大中央高校教育教学改革专项资金支持力度，将创新创业教育和大学生创新创业情况作为资金分配的重要因素。（财政部、教育部等按职责分工负责）

（十）落实落细减税降费政策。高校毕业生在毕业年度内从事个体经营，符合规定条件的，在 3 年内按一定限额依次扣减其当年实际应缴纳的增值税、城市维护建设税、教育费附加、地方教育附加和个人所得税；对月销售额 15 万元以下的小规模纳税人免征增值税，对小微企业和个体工商户按规定减免所得税。对创业投资企业、天使投资人投资于未上市的中小高新技术企业以及种子期、初创期科技型企业的投资额，按规定抵扣所得税应纳税所得额。对国家级、省级科技企业孵化器和大学科技园以及国家备案众创空间按规定免征增值税、房产税、城镇土地使用税。做好纳税服务，建立对接机制，强化精准支持。（财政部、税务总局等按职责分工负责）

六、加强对大学生创新创业的金融政策支持

（十一）落实普惠金融政策。鼓励金融机构按照市场化、商业可持续原则对大学生创业项目提供金融服务，解决大学生创业融资难题。落实创业担保贷款政策及贴息政策，将高校毕业生个人最高贷款额度提高至 20 万元，对 10 万元以下贷款、获得设区的市级以上荣誉的高校毕业生创业者免除反担保要求；对高校毕业生设立的符合条件的小微企业，最高贷款额度提高至 300 万元；降低贷款利率，简化贷款申报审核流程，提高贷款便利性，支持符合条件的高校毕业生创业就业。鼓励和引导金融机构加快产品和服务创新，为符合条件的大学生创业项目提供金融服务。（财政部、人力资源社会保障部、人民银行、银保监会等按职责分工负责）

（十二）引导社会资本支持大学生创新创业。充分发挥社会资本作用，以市场化机制促进社会资源与大学生创新创业需求更好对接，引导创新创业平台投资基金和社会资本参与大学生创业项目早期投资与投智，助力大学生创新创业项目健康成长。加快发展天使投资，培育一批天使投资人和创业投资机构。发挥财政政策作用，落实税收政策，支持天使投资、创业投资发展，推动大学生创新创业。（发展改革委、财政部、税务总局、证监会等按职责分工负责）

七、促进大学生创新创业成果转化

（十三）完善成果转化机制。研究设立大学生创新创业成果转化服务机构，建立相关成果与行业产业对接长效机制，促进大学生创新创业成果在有关行业企业推广应用。做好大学生创新项目的知识产权确权、保护等工作，强化激励导向，加快落实以增加知识价值为导向的分配政策，落实成果转化奖励和收益分配办法。加强面向大学生的科技成果转化培训课程建设。（科技部、教育部、知识产权局等按职责分工负责）

（十四）强化成果转化服务。推动地方、企业和大学生创新创业团队加强合作对接，拓宽成果转化渠道，为创新成果转化和创业项目落地提供帮助。鼓励国有大中型企业和产教融合型企业利用孵化器、产业园等平台，支持高校科技成果转化，促进高校科技成果和大学生创新创业项目落地发展。汇集政府、企业、高校及社会资源，加强对中国国际“互联网＋”大学生创新创业大赛中涌现的优秀创新创业项目的后续跟踪支持，落实科技成果转化相关税收优惠政策，推动一批大赛优秀项目落地，支持获奖项目成果转化，形成大学生创新创业示范效应。（教育部、科技部、发展改革委、财政部、国资委、税务总局等按职责分工负责）

八、办好中国国际“互联网＋”大学生创新创业大赛

（十五）完善大赛可持续发展机制。鼓励省级人民政府积极承办大赛，压实主办职责，进一步加强组织领导和综合协调，落实配套支持政策和条件保障。坚持政府引导、公益支持，支持行业企业深化赛事合作，拓宽办赛资金筹措渠道，适当增加

大赛冠名赞助经费额度。充分利用市场化方式，研究推动中央企业、社会资本发起成立中国国际“互联网 +”大学生创新创业大赛项目专项发展基金。（教育部、国资委、证监会、建设银行等按职责分工负责）

（十六）打造创新创业大赛品牌。强化大赛创新创业教育实践平台作用，鼓励各学段学生积极参赛。坚持以赛促教、以赛促学、以赛促创，丰富竞赛形式和内容。建立健全中国国际“互联网 +”大学生创新创业大赛与各级各类创新创业比赛联动机制，推进大赛国际化进程，搭建全球性创新创业竞赛平台，深化创新创业教育国际交流合作。（教育部等按职责分工负责）

九、加强大学生创新创业信息服务

（十七）建立大学生创新创业信息服务平台。汇集创新创业帮扶政策、产业激励政策和全国创新创业教育优质资源，加强信息资源整合，做好国家和地方的政策发布、解读等工作。及时收集国家、区域、行业需求，为大学生精准推送行业和市场动向等信息。加强对创新创业大学生和项目的跟踪、服务，畅通供需对接渠道，支持各地积极举办大学生创新创业项目需求与投融资对接会。（教育部、发展改革委、人力资源社会保障部等按职责分工负责）

（十八）加强宣传引导。大力宣传加强高校创新创业教育、促进大学生创新创业的必要性、重要性。及时总结推广各地区、各高校的好经验好做法，选树大学生创新创业成功典型，丰富宣传形式，培育创客文化，营造敢为人先、宽容失败的环境，形成支持大学生创新创业的社会氛围。做好政策宣传宣讲，推动大学生用足用好税费减免、企业登记等支持政策。（教育部、中央宣传部牵头，地方各级人民政府、各有关部门按职责分工负责）

各地区、各有关部门要认真贯彻落实党中央、国务院决策部署，抓好本意见的贯彻落实。教育部要会同有关部门加强协调指导，督促支持大学生创新创业各项政策的落实，加强经验交流和推广。地方各级人民政府要加强组织领导，深入了解情况，优化创新创业环境，积极研究制定和落实支持大学生创新创业的政策措施，及时帮助大学生解决实际问题。

参考文献

[1] 邓节军，海洋，子重仁 . 创新创业思维训练与方法 [M]. 北京：华龄出版社，2018.

[2] 罗革云，邓素霞，管震 . 大学生创新创业指导与实训 [M]. 北京：中央民族大学出版社，2018.

[3] 白敏植 . 大学生职业规划与创新创业实践 [M]. 北京：高等教育出版社，2018.

[4] 孙中淼，芮小兰，张璐，等 . 职业生涯规划与创新创业 [M]. 北京：清华大学出版社，2021.

[5] 范东亚，谭荣 . 大学生职业生涯规划与创新创业教育 [M]. 重庆：重庆大学出版社，2019.

[6] 杨诚 . 大学生职业生涯规划与创新创业 [M]. 北京：高等教育出版社，2021.

[7] 葛向东，陈工孟 . 创新思维训练与创造力开发 [M]. 北京：经济管理出版社，2019.

[8] 陈晓璇，胡孝红 . 大学生创新思维教程 [M]. 武汉：武汉大学出版社，2022.

[9] 李忠秋，孙涌，艾欣 . 大学生创新思维（慕课版）[M]. 北京：人民邮电出版社，2019.

[10] 董鹏中，孙媛 . 大学生创新思维训练方法 [M]. 北京：科学出版社，2022.

[11] 肖明 . 大学生创新思维训练 [M]. 上海：立信会计出版社，2017.